FACULTÉ DE DROIT DE PARIS

DES

TRIBUNAUX DE PRISES

(ORGANISATION — COMPÉTENCE — PROCÉDURE)

THÈSE POUR LE DOCTORAT

L'ACTE PUBLIC SUR LES MATIÈRES CI-DESSUS

sera soutenu le samedi 6 juin 1896 à trois heures

PAR

Georges **FERON**

Président : MM. L. RENAULT, *professeur.*

Suffragants { HENRY MICHEL, *professeur.*
WEISS, *professeur.* }

PARIS

A. PEDONE, ÉDITEUR

LIBRAIRE DE LA COUR D'APPEL ET DE L'ORDRE DES AVOCATS

13, rue Soufflot, 13

1896

A MON PERE

A MA MÈRE

THÈSE

POUR

LE DOCTORAT

La Faculté n'entend donner aucune approbation ni improbation aux opinions émises dans les thèses ; ces opinions doivent être considérées comme propres à leurs auteurs.

DES TRIBUNAUX DE PRISES

GÉNÉRALITÉS

L'étude des juridictions relatives aux prises et de la procédure qui conduit au jugement et à l'attribution de celles-ci fera l'objet de ce travail ; il importe, cependant, de donner, tout d'abord, quelques détails sur les prises elles-mêmes.

Les prises maritimes sont soit des saisies de navires faites en temps de guerre par un Etat belligérant, soit des saisies faites pendant la paix, de la cargaison et des bâtiments montés par les pirates ou par les négriers.

Dans un second sens, le mot prise désigne le navire capturé lui-même.

Si nous laissons de côté les cas de prises qui, en temps de paix, pourraient se présenter, la piraterie et la traite étant destinées à devenir de plus en plus rares, nous pouvons formuler le principe suivant : Le droit de prise est, au profit de chaque belligérant, un mode d'exercice du droit de guerre ; il atteint, en principe, l'autre belligérant : nous verrons qu'il peut nuire également aux neutres.

De ce que le droit de prise est un mode d'exercice du droit de la guerre, nous tirerons immédiatement les quatre conséquences suivantes :

1° Le droit de prise commence et finit avec la guerre elle-même ;

2° Le droit de prise ne peut être exercé : ni dans les eaux territoriales neutres, ni dans les parties de mer conventionnellement neutralisées ;

3° Le droit de saisie en mer ne peut être exercé que par les forces publiques (1) ou par les autorités publiques de chaque belligérant ;

4° On ne peut exercer le droit de saisie que sur des propriétés ennemies, ou sur les propriétés de neutres qui se sont mis dans le cas d'être traités comme ennemis.

Ces quatre propositions appellent chacune quelques explications.

1° *Quand peut-on saisir ?*

Le droit de prise, avons-nous dit, commence avec la déclaration de guerre.

Il n'en a pas toujours été ainsi. Pendant longtemps, en effet, chaque Etat a mis l'embargo sur les navires éventuellement ennemis qui se trouvaient dans ses ports, c'est-à-dire a saisi ces navires, dès qu'une guerre devenait probable avec l'Etat dont ceux-ci dépendaient.

Au commencement du siècle, toute puissance qui déclarait la guerre à une autre faisait aussitôt saisir tous les bâtiments qui, appartenant à son adversaire ou aux sujets de celui-ci, se trouvaient dans ses ports. De semblables confiscations et saisies frappaient également les navires devenus ennemis par le fait de la déclaration de guerre, et qui n'entraient dans les

1. En considérant les corsaires comme un élément de la force publique, par suite de l'investiture que leur donne l'Etat belligérant.

ports ennemis qu'après cette déclaration, encore que celle-ci leur fût inconnue (1).

Aujourd'hui l'embargo a disparu en tant qu'acte d'hostilité (2). Mais on pourrait le concevoir encore, le cas échéant, en tant que constituant un acte de représailles.

Quant à la saisie absolument concomitante à la déclaration de guerre, les nations n'appliquent plus aujourd'hui, dans toute leur rigueur, les règles qui précèdent : les navires ennemis bénéficient d'un délai pour sortir des ports de l'Etat qui devient l'adversaire du pays auquel ils appartiennent. C'est ainsi que l'art. 1er des Instructions ministérielles françaises du 25 juillet 1870 est ainsi conçu :

« Dès ce moment, vous êtes requis de courir sus à tous les bâtiments de guerre de la Prusse et des Etats de la confédération de l'Allemagne du Nord, et de vous en emparer par la force des armes ; vous aurez également à courir sus à tous les bâtiments de commerce ennemis que vous rencontrerez en mer ou dans les ports ou rades de l'ennemi, et à les capturer ainsi que leurs cargaisons, sous les exceptions suivantes :

« Un délai de trente jours a été accordé aux bâtiments de commerce ennemis pour sortir des ports français, soit qu'ils s'y trouvent en ce moment ou qu'ils y entrent ultérieurement, dans l'ignorance de l'état de guerre ; et ces bâtiments seront pourvus de saufs-conduits (3).

1. M. Barboux, p. 57, exprime l'opinion très rationnelle qu'il faudrait « déclarer non sujet à capture tout navire ennemi qui justifierait par son journal qu'il n'a pu avoir connaissance de l'état de guerre, ou du moins tout navire dont les papiers de bord établiraient qu'il se dirige vers un port français. »

2. Bluntschli, règle 669. — Desjardins, t. I, n° 19.

3. Jugé que les bâtiments de commerce ennemis chargés de marchandises pour le compte de maisons étrangères établies en France ne jouissent pas du bénéfice du délai de 30 jours accordés aux navires chargés pour compte français [Cons. des Prises, 26 nov. 1870, l'*Elise von Loutzow*, Barboux, p. 58]. — Il en est de même du navire qui porte à la fois des marchandises ennemies et des marchandises françaises [Cons. des Prises, 29 déc. 1870, *la Ghérardine*, Barboux, p. 60].

« En outre, les bâtiments de commerce ennemis qui auront pris des cargaisons à destination de France et pour compte français antérieurement à la déclaration de guerre, ne seront pas sujets à capture, pourront librement débarquer leurs chargements dans les ports français et recevront des saufs-conduits pour retourner dans leurs ports d'attache. »

Cette pratique, dite de l'indult, fut, en France, inaugurée à l'occasion de la guerre de Crimée (1). Elle a pour effet de reculer, dans une certaine mesure, le moment à partir duquel certaines saisies peuvent être opérées.

Dans tous les cas, le droit de capture ne peut plus être valablement exercé après la signature du traité de paix ou des préliminaires de la paix. Un armistice suspendrait-il, momentanément tout au moins, le droit de saisir ? Tout dépend, suivant nous, des circonstances, et des termes plus ou moins généraux contenus dans l'accord suspendant les hostilités.

2° *Où peut-on saisir ?*

Le droit de saisie ne peut être exercé que dans la haute mer et dans les eaux territoriales des belligérants (2).

Par suite toute prise faite dans des eaux territoriales neutres (3) ou dans des parties de mer conventionnellement neutralisées est nulle ; et elle ne saurait être validée par la Cour

1. La déclaration du Gouvernement français, en date des 27 mars-11 avril 1854 accorda un délai de six semaines aux navires de commerce russes pour sortir des ports français (D. P. 54, 4, 67).

2. « Vous vous abstiendrez d'exercer aucun acte d'hostilité dans les ports ou dans les eaux territoriales des puissances neutres. (Instr. min. fr. 25 juillet 1870, art. 4) ; — *adde* : Cons. des Prises de Paris, 19 janv. 1871, *le Frei*, Barboux, p. 66.

3. On ne devrait pas admettre la validité d'une saisie d'un navire ennemi dans les eaux neutres, alors même que la chasse aurait commencé en pleine mer : Calvo, t. 4, n. 2661. Conseil des Prises, 19 janv. 1870, *le Frei*, Barboux, p. 66. — Pistoye et Duverdy, t. 1, p. 93 et suiv.

des Prises du capteur, alors même que l'Etat neutre dont la souveraineté a été violée garderait le silence.

Les règlements des diverses nations européennes sont en ce sens.

3° *Qui peut saisir? Qui peut exercer le droit de prise ?*

En principe peuvent seules exercer le droit de prise les autorités publiques et les forces publiques des belligérants (1).

En premier lieu les forces publiques d'un belligérant ont le droit de saisir. Ces forces publiques sont les navires de guerre et les corsaires (2). Mais, en ce qui concerne les corsaires, les Etats ayant adhéré à la déclaration de Paris du 16 avril 1856 ne peuvent en armer que par voie de réciprocité, en cas de guerre contre un Etat qui n'aurait pas adhéré à cette déclaration ou qui serait allié à une puissance non adhérente (3).

En second lieu les autorités maritimes ont également le droit de saisir ; citons en France parmi ces autorités : les préfets maritimes, les chefs de service de la marine, les commis-

1. Cette règle souffre deux exceptions : 1° un navire marchand non commissionné, en repoussant l'attaque d'un bâtiment ennemi, peut s'emparer de son agresseur. Cette hypothèse qui se réalisera rarement est cependant prévue par l'art. 209 du Code de droit maritime italien ; 2° Des prisonniers de guerre en s'évadant peuvent enlever un bâtiment ennemi pour consommer leur fuite ; il leur sera attribué : L. du 18 vendémiaire an II, Pistoye et Duverdy, t. I, p. 171.

2. Les corsaires, en effet, sont des délégataires d'une partie du pouvoir du souverain ; car ils sont autorisés et commissionnés par lui. Ils agissent en son nom et sous son autorité. Sur les conditions que les corsaires doivent ou plutôt devaient remplir, V. Pistoye et Duverdy, t. I, p. 173 et suiv.

3. N'ont pas, notamment, adhéré à la déclaration de 1856 : l'Espagne les Etats-Unis, le Mexique, la Chine. On sait que les Etats-Unis ont refusé d'admettre l'abolition de la course parce que les puissances n'ont pas voulu admettre leur proposition de respecter désormais la propriété privée ennemie sur mer. Ajoutons, d'autre part, qu'en 1885, pendant la guerre avec la Chine, la France n'a pas délivré de lettres de marque.

saires de l'inscription maritime, les employés des douanes. C'est ainsi que, en **1870**, le navire oldembourgeois « *Ghérardine* » étant, pendant la guerre franco-allemande, arrivé au Hâvre, le **29** août, avec des marchandises à destination de maisons de commerce françaises, neutres et ennemies, le chef de service de la marine autorisa la délivrance des marchandises françaises et neutres, mais ordonna la mise sous séquestre des marchandises ennemies (1).

Les employés de la douane, en particulier, sont amenés, par la nature même de leurs fonctions, à découvrir des marchandises susceptibles de saisie (**2**).

4° *Que peut-on saisir ?*

Sont susceptibles de capture : les bâtiments ennemis, ou neutres mais réputés ennemis, ou même les bâtiments des alliés et des nationaux pris en flagrant délit de trahison.

A. — *Bâtiments ennemis.*

Peuvent être capturés les navires ennemis (**3**), qu'ils appartiennent à l'Etat ou à de simples particuliers, qu'ils soient des vaisseaux de guerre, des corsaires, ou des navires faisant simplement le commerce.

Telle est la règle de la coutume internationale ; mais, à cette règle, plusieurs exceptions ont été les unes admises, les autres proposées :

a) *Bateaux-pêcheurs.*

La première exception concerne les pêcheurs-côtiers ennemis. Le motif est évident.

1. Sur l'affaire de la « Ghérardine », V. Barboux, p. 60 et suiv.
2. C'est ainsi que les douaniers anglais, pendant la guerre de Crimée, firent condamner de nombreux navires : de Bœck, n. 209.
3. Nous étudions plus loin les difficultés relatives à la preuve de la nationalité des navires.

Cette immunité se rattache à un vieil usage ; elle est entière : elle s'étend à la personne des pêcheurs, à leurs barques, à leurs filets, au poisson pêché (1). Elle constitue un usage assez fixe et assez général pour que MM. Bluntschli, Calvo, Heffter, Massé, Perels pensent qu'elle peut être érigée en une règle positive et formelle du droit international.

Il est évident que pour profiter de cette exemption les pêcheurs-côtiers doivent s'abstenir de toute participation aux hostilités (2).

De plus nous pensons, avec MM. de Bœck et Calvo, que l'on ne doit pas étendre cette exemption à la grande pêche ; en effet nous ne trouvons plus ici les raisons d'humanité qui justifient l'immunité de la pêche côtière.

b) *Missions scientifiques.*

Aujourd'hui il est d'usage, pour toutes les puissances maritimes, de respecter les navires employés à des voyages d'exploration ou de découverte, ou à des missions scientifiques.

c) *Navires ennemis naufragés.*

La troisième exception est relative aux navires jetés par un naufrage sur les côtes ennemies, ou entrés en relâche forcée dans une rade ou un port ennemi.

Mais ici la pratique suivie par les diverses puissances est loin d'être uniforme, et les publicistes ne sont plus d'accord. Notamment la législation française n'admet pas cette troisième exception (3).

d) *Bâtiments hospitaliers.*

Le projet d'articles additionnels à la Convention de Genève

1. Citons ici la « trève pècheresse » de 1521, entre Charles-Quint et François Ier, l'art. 23 du traité de 1785 entre la Prusse et les Etats-Unis, l'art. 2 des Instructions françaises du 25 juillet 1870.

2. Lettre de Louis XVI à l'Amiral, 5 juin 1779.

3. Pistoye et Duverdy, t. 1, p. 113 et suiv.

voté le 21 octobre 1868 à Genève, articles relatifs aux secours à donner aux blessés dans la guerre maritime, contient diverses restrictions ou atténuations du droit de capture dans les art. 6, 10, 13.

Art. 6 : « Les embarcations qui, à leurs risques et périls, pendant et après le combat, recueillent, ou qui, ayant recueilli des naufragés ou des blessés, les portent à bord d'un navire, soit neutre, soit hospitalier, jouiront, jusqu'à l'accomplissement de leur mission, de la part de neutralité que les circonstances du combat et la situation des navires en conflit permettront de leur appliquer. L'appréciation de ces circonstances est confiée à l'humanité de tous les combattants ».

Art. 10 : « Tout bâtiment de commerce, à quelque nation qu'il appartienne, chargé exclusivement de blessés et de malades dont il opère l'évacuation, est couvert par la neutralité ; mais le seul fait de la visite, notifié sur le journal de bord par un croiseur ennemi, rend les blessés et les malades incapables de servir pendant la durée de la guerre. Le croiseur aura même le droit de mettre à bord un commissaire pour accompagner le convoi, et vérifier ainsi la bonne foi de l'opération. Si le bâtiment de commerce contenait en outre un chargement, la neutralité le couvrirait encore, pourvu que ce chargement ne fût pas de nature à être confisqué par le belligérant. Les belligérants conservent le droit d'interdire aux bâtiments neutralisés toute communication et toute direction qu'ils jugeraient nuisibles au secret de leurs opérations. Dans les cas urgents, des conventions particulières pourront être faites entre les commandants en chef pour neutraliser momentanément d'une manière spéciale les navires destinés à l'évacuation des malades et des blessés ».

Art. 13 : « Les navires hospitaliers équipés aux frais de sociétés de secours reconnus par les gouvernements signataires de cette convention, pourvus de commission émanée du souverain qui aura donné l'autorisation expresse de leur armement, et d'un document de l'autorité maritime compétente, stipulant qu'ils ont été soumis à son contrôle pendant leur armement et à leur départ final, et qu'ils étaient alors uniquement appropriés au but de leur mission, seront considérés comme neutres, ainsi que tout leur personnel. Ils seront respectés et protégés par les belligérants. Ils se feront reconnaître en hissant avec leur pavillon national le pavillon blanc à croix rouge ».

Mais ce n'est là qu'un projet. Cette convention additionnelle à celle de Genève de 1864, en effet, n'a pas été ratifiée par les puissances : elle n'est donc pas obligatoire pour elles.

f) *Navires de cartel.*

Ce sont des navires employés à des échanges de prisonniers ou à porter des propositions d'armistice. Ces navires ou embarcations, qui battent pavillon parlementaire, ne doivent avoir ni munitions, ni armes autres qu'un petit canon nécessaire aux divers signaux.

Dans ces conditions un semblable navire ne peut pas être capturé.

g) *Paquebots-poste.*

Une sixième exception a été proposée en ce qui concerne les paquebots-poste qui seraient insusceptibles de saisie, quelle que fût leur nationalité. Mais la coutume internationale ne s'est point encore formée, sur ce point, d'une manière certaine.

B. — *Marchandises ennemies.*

La cargaison ennemie qui *se trouve sur des bâtiments ennemis* est également sujette à saisie (1).

1. Il n'en serait pas de même de la cargaison ennemie sous pavillon neutre, celui-ci couvrant la marchandise ennemie.

M. de Bœck (n° 154) résume ainsi qu'il suit la pratique actuelle : « Toute propriété privée ennemie, cargaison et navire qui la porte, sous pavillon ennemi, rencontrée à partir de la déclaration de guerre jusqu'à la conclusion de la paix, à la haute mer ou dans les eaux territoriales des belligérants, est saisissable par les vaisseaux de guerre (1) ennemis. La propriété saisie conduite dans un port du capteur est jugée par la juridiction des prises de ce capteur et déclarée de bonne prise sur validation de la saisie. »

C. — *Des neutres.*

En principe les neutres, étrangers à la guerre, conservent la jouissance et l'exercice des droits qui leur compètent pendant l'état de paix ; et les belligérants ne pourraient se plaindre, notamment, des relations commerciales des neutres, même avec leurs ennemis. Depuis la déclaration de Paris du 16 avril 1856, le pavillon neutre couvre la marchandise ennemie et, même sous pavillon ennemi, les marchandises neutres ne peuvent pas être définitivement saisies. Mais les neutres ne sauraient conserver le bénéfice de la neutralité s'ils ne restent pas neutres, c'est-à-dire s'ils ne s'abstiennent pas de toute immixtion dans les opérations de la guerre ; ce qui se produirait en cas de violation de blocus et de transport de contrebande de guerre.

a) *Blocus.* — Lorsqu'un belligérant a régulièrement (2) mis en état de blocus une place, un port, ou une portion du littoral du pays ennemi, les neutres qui tentent de violer ce blocus s'exposent à la saisie tant du navire que de la cargaison, sauf quelques divergences en ce qui concerne celle-ci.

1. Ou par les corsaires exceptionnellement (voir plus haut).

2. C'est-à-dire conformément au § 4 de la déclaration de Paris, du 16 avril 1856. Cons. des Prises, 20 juillet 1889. [Rec. du Cons. d'Ét., 1889, p. 1234].

b) *Contrebande de guerre.* — Il est évident que si un neutre transporte à l'un des belligérants des armes, des munitions et autres objets pouvant servir directement à l'usage de la guerre, il commet, vis-à-vis de l'adversaire, un acte d'hostilité tel que cet autre Etat belligérant est bien fondé à saisir ce navire neutre (1) qui n'observe pas les règles de la neutralité.

Le même sort serait évidemment réservé au navire qui transporterait des dépêches officielles ou des troupes ennemies.

c) En tout cas, en temps de guerre, les neutres doivent être soumis à la visite des croiseurs des États belligérants qui ont le droit incontesté de s'assurer si le pavillon arboré par le navire rencontré est bien celui auquel ce navire a droit, et si, de plus, le navire neutre ne porte pas de contrebande de guerre.

Si donc un bâtiment neutre, rencontré dans la haute mer, refuse de se laisser visiter par le croiseur belligérant (et nous dirons plus loin comment a lieu cette visite), s'il résiste, si, n'obéissant pas à la semonce, il cherche à fuir, ou jette des papiers à la mer, ce bâtiment doit être capturé (2). C'est un nouveau cas de prise.

De même si, en principe, le bâtiment ennemi pourvu d'un sauf-conduit de l'adversaire ne peut pas être arrêté, le croiseur qui rencontre ce bâtiment doit s'assurer de l'exactitude

1. Dans quelles limites ? L'art. 6 des Instructions françaises du 25 juillet 1870 distingue : « Le bâtiment et la cargaison sont confiscables, sauf lorsque la contrebande de guerre ne forme pas les trois quarts du chargement, auquel cas les objets de contrebande sont seuls sujets à la confiscation ». *Adde* : Bluntschli, règle 810 ; — de Martens Léo, p. 354. Bulmerincq, R. D. I., 1878, p. 192.

2. Art. 3 du Règlement du 26 juillet 1778 ; — Art. 57, arrêté du 2 prairial an XI et art. 5 des instructions complémentaires de 1870 ; — Conseil des Prises, 19 juillet 1886 (*Le Ping-On*) ; — Calvo, t. 4, n. 2340.

du sauf-conduit et de l'observation des conditions auxquelles il est soumis ; au cas de soupçon, le croiseur pourrait saisir. [Instructions françaises du 25 juillet 1870]. Enfin si le navire semoncé s'arrête et si, fût-il neutre en réalité, il est tenu pour suspect, il peut être capturé (1).

D. — Pendant la paix, il peut y avoir saisie de la cargaison transportée et des bâtiments montés par les *pirates* ou par les *négriers*. En ce qui concerne les pirates, tout navire d'un État quelconque peut, en tout temps, s'en emparer, et le bâtiment qu'ils montent sera déclaré de bonne prise.

D'autre part, les navires qui se livrent à la traite des nègres ne peuvent, à moins de convention internationale, être saisis que par les croiseurs de la nation à laquelle ces navires appartiennent.

Quand il s'agit de la capture des pirates ou de celle des négriers le droit de prise trouve son fondement juridique dans les règles générales du droit pénal en matière de confiscation.

Enfin, il y a eu jadis, en temps de paix, d'assez nombreuses saisies par voie de représailles (2). Nous nous contentons de rappeler ces faits de moins en moins fréquents.

E. — *Remarques*. — Jusqu'en 1870 on avait toujours admis, en pratique, que les marins composant l'équipage des navires marchands capturés seraient prisonniers de guerre (3).

Mais, en 1870, au cours de la guerre franco-allemande, l'Allemagne a réclamé vivement (4) contre l'application, par la

1. Art. 6, Instructions françaises de 1870 ; — Conseil des Prises, 8 fév. 1892, *le Pluvier*, *Rec. Cons. d'Et.*, 1892, p. 1017 ; — Calvo, t. 4, n. 2340 ; — Fiore, t. 3, n. 1644.

2. Pistoye et Duverdy, t. 1, p. 85 et suiv.

3. Règlement prussien du 20 juin 1864, art. 18 ; — Règlement danois du 16 février 1864, art. 19. — Art. 19 des Instructions Françaises de 1870.

4. Barboux, p. 28 et suiv. — Rappelons que M. de Bismarck fit, à titre de représailles, arrêter et conduire comme otages, en Allemagne, quarante citoyens notables de Gray, Vesoul et Dijon.

France, de la règle qui précède, et qui est d'ailleurs inscrite dans le règlement prussien de 1864. — De même, MM. Perels (*Manuel*, p. 223) et Geffcken sur Heffter (§ 126 en note) n'admettent pas que les matelots montant le navire de commerce légitimement capturé puissent être faits prisonniers de guerre. Nous pensons, au contraire, qu'il doit en être ainsi. Les hommes de la marine marchande peuvent, le cas échéant, en effet, être utilisés avec grand profit sur les vaisseaux de guerre : « Il est absurde, dit M. Westlake (1) de laisser des matelots passer librement sous la gueule des canons de vos navires, à bord de vaisseaux marchands qui les transportent sur des vaisseaux de guerre, à bord desquels ils lutteront contre vous. »

D'autre part, comme le but poursuivi par la capture est de nuire au commerce ennemi, les marchandises sont saisies, mais les effets personnels au capitaine et à l'équipage leur sont restitués : la jurisprudence du Conseil des prises est constante sur ce point (2).

Nous venons d'exposer rapidement quelle est, en matière de prises, la pratique actuelle. Celle-ci doit-elle être approuvée ? En d'autres termes, que faut-il penser de la légitimité du droit de prise ?

On a beaucoup discuté sur cette question ; et dans la doctrine un parti considérable préconise la règle de l'inviolabilité de la propriété privée ennemie sur mer. Posons d'abord la question.

Il est certain que la prise d'un vaisseau de guerre ennemi est légitime ; aucun doute ne peut exister sur ce point ; de même, en ce qui concerne la confiscation de la contrebande

1. R. D. I., 1875, p. 258.
2. Conseil des Prises, 1er décembre 1870, *Le Don Julio*, Barboux, p. 8.

de guerre et la capture du navire qui tente de forcer un blocus régulièrement établi, la pratique actuelle est presque unanimement approuvée.

La question se trouve donc ramenée à celle de savoir si le droit de prise appliqué à la propriété privée ennemie sur mer est légitime ; la déclaration de Paris de 1856 porte, d'autre part, que le pavillon neutre couvre la marchandise ennemie ; nous avons donc seulement à nous demander si les navires de commerce ennemis, et les marchandises ennemies sous pavillon ennemi doivent être, contrairement à la pratique actuelle, déclarés inviolables.

1er SYSTÈME : *Le droit de prise, tel qu'il existe aujourd'hui, n'est pas légitime.* — On argumente, dans cette opinion, de l'opposition qui existerait entre les règles concernant la propriété privée ennemie sur terre, cette propriété étant inviolable, et celles concernant la propriété privée ennemie sur mer, cette propriété étant susceptible de capture. Un négociant a ses marchandises dans un magasin situé dans son pays envahi, ces marchandises seront respectées. Si ce négociant charge ces mêmes marchandises sur un navire de son pays, les croiseurs de l'adversaire pourront les saisir valablement. Il y a là, dit-on, une évidente contradiction. D'ailleurs, en tant que pouvant influer sur l'issue de la guerre, le droit de prise n'a qu'une efficacité fort contestable. Par exemple, en fait, les incidents divers qui, au point de vue de la prise, ont signalé la guerre franco-allemande de 1870, semblent avoir démontré le peu d'utilité effective du droit de prise ; et il en sera probablement toujours ainsi aujourd'hui que le pavillon couvre la marchandise.

2e SYSTÈME : *Le droit de prise est légitime.* — Si, en effet, la guerre est une relation d'État à État, si les particuliers doivent personnellement, en principe, échapper à ses conséquences, il ne faut pas oublier d'autre part, que la guerre s'analyse dans l'ensemble des moyens par lesquels un pays belligérant peut mettre son adversaire hors d'état de continuer la lutte.

Or les navires de commerce d'un État belligérant contribuent certainement à cette continuation de la lutte, alors qu'il n'en est pas de même des différents éléments qui, sur terre, constituent la propriété privée ennemie.

La marine marchande est un élément fort important de la puissance navale d'une nation.

Un navire de commerce de l'État belligérant ne transporte actuellement, supposons-le, que des marchandises ordinaires ; mais ne peut-il pas, à un moment donné, être efficacement utilisé à transporter des troupes, des armes ? Contribuant alors au ravitaillement et aux opérations militaires elles-mêmes, ce navire de commerce ne contribue-t-il pas à la continuation des hostilités ?

Et la saisie des marchandises ennemies n'atteint-elle pas, ajoute-t-on, cette nation ennemie dans un des éléments de sa prospérité, de sa force ; n'est-ce pas un moyen, ajouté d'ailleurs à bien d'autres, de réduire l'adversaire à l'impuissance?

Sans doute la propriété privée ennemie est, sur terre, inviolable, en ce sens qu'il n'y a pas légalement appropriation au profit de l'envahisseur ; mais on peut observer que si la propriété est inviolable, elle est, en fait, souvent saccagée ; en sorte que, malgré son inviolabilité (et sans même parler des réquisitions et contributions de guerre), la propriété privée ennemie sur terre a bien plus à souffrir, toutes proportions gardées, que le commerce maritime des belligérants soumis au droit de prise.

Au lieu du pillage que subissent les propriétés privées sur terre, nous trouvons, pour les captures faites en mer, des règles de droit précises, et une appropriation soumise à l'appréciation de tribunaux spéciaux, régulièrement organisés. Et c'est précisément cette comparaison entre la manière dont est traitée la propriété privée ennemie sur terre et la manière dont elle l'est sur mer, qui sert de point de départ au jurisconsulte suédois Tetens (1) pour établir la légitimité du droit de prise.

Nous conclurons donc ainsi avec M. Barboux (2) : « La justification du droit de prise est dans la nécessité de l'exercer ; sans lui la guerre maritime n'est qu'un vain mot ; et les nations qui ont employé une partie de leurs richesses et de leurs forces au développement de leur puissance navale, ne feraient, en y renonçant, qu'accroître encore l'inégalite des armes avec lesquelles elles sont obligées de lutter contre les puissances exclusivement continentales ».

Ce n'est pas seulement dans la doctrine que s'est posée la question de la légitimité du droit de prise.

Ainsi, à l'occasion de l'expédition française en Espagne, M. de Chateaubriand, ministre des affaires étrangères de France, envoya, le 12 avril 1823, aux représentants de la France, auprès des puissances maritimes, une note d'après laquelle la marine française ne devait saisir que les navires de guerre espagnols. S'ils ne tentaient pas de violer les blocus effectifs qui éventuellement pourraient être établis ou ne transportaient pas de contrebande de guerre, les navires de commerce espagnols ne devaient pas être inquiétés.

D'autre part, lors de la discussion des principes qui devaient trouver place dans la déclaration du 16 avril 1856, la nécessité de proclamer la règle de l'inviolabilité a été soutenue par le représentant des Etats-Unis. A ce moment, les États-Unis ont fait de l'adoption de cette règle la condition *sine qua non* de leur adhésion à l'abolition de la course.

1. Nicol. Tetens, 2e section, § 1, p. 60 à 64.
2. P. 26.

Et l'inviolabilité a, depuis 1856, été remise plusieurs fois en question.

Par exemple une assemblée de négociants et d'armateurs convoquée à Brême le 2 décembre 1859 en prévision d'un congrès des grandes puissances qu'on croyait, à ce moment, devoir se réunir, adopta la résolution suivante : « L'inviolabilité des personnes et propriétés sur mer, en temps de guerre, en tant que les nécessités de la guerre ne les limitent pas inévitablement, constituent une des exigences du sentiment juridique de notre époque » (1).

Le 17 juillet 1870, une proposition fut faite en France, par Garnier-Pagès, en faveur de l'inviolabilité ; elle fut prise en considération, mais ne put être discutée, à raison des évènements. D'ailleurs le droit de prise a été parfois, en fait, rendu inefficace, par suite de la restitution réciproque, en nature ou en valeur, lors de la conclusion de la paix, des prises qui ont été opérées au cours des hostilités. Il en a été ainsi, notamment, à la suite de la guerre entre la Prusse et le Danemark (2).

Il y a plus : en 1866, lors de la guerre entre la Prusse, l'Autriche et l'Italie, il fut convenu au début que les belligérants respecteraient le principe de l'inviolabilité de la propriété privée ennemie sur mer. Mais ce ne sont là que des faits isolés ; il n'y a pas de règle internationale obligatoire ; cependant nous devons reconnaître qu'aujourd'hui la plupart des auteurs qui ont écrit sur ce sujet, sont plutôt partisans de l'inviolabilité, admise également dans les congrès de jurisconsultes (3).

1. *Revue de droit international*, t. 7, p. 553.
2. Traité de paix du 30 octobre 1864, art. 13.
3. Nous dirons que l'Italie a admis dans son Code de la marine marchande, promulgué le 21 juin 1865, la règle de l'inviolabilité de la propriété privée ennemie sur mer, en faveur des pays qui admettent ou admettront une règle analogue.

Dans tous les cas, et en admettant qu'une entente internationale ait lieu un jour en faveur de l'inviolabilité de la propriété privée ennemie sur mer, n'y aurait-il plus lieu à aucune prise et par suite les tribunaux chargés d'en connaître disparaîtraient-ils ? Non, évidemment.

Laissons de côté les cas exceptionnels de piraterie et de traite ; mais tout navire qui tente de forcer un blocus ne devrait-il pas être saisi (1) ? Et, de même, les tribunaux de prises ne seraient-ils pas encore nécessaires au cas de transport de contrebande de guerre? L'utilité de notre étude se trouve ainsi démontrée, quelle que soit, sur le droit de saisie, la législation de l'avenir.

Ces idées générales étant exposées, occupons-nous plus spécialement de la juridiction des prises.

Nous étudierons d'abord la règle que toute prise doit être jugée. Nous examinerons en second lieu le fonctionnement des tribunaux de prises en France (2), leur organisation, leur compétence, la procédure qui, devant eux, doit être suivie. Enfin, après avoir exposé les règles suivies dans les principaux Etats étrangers, nous exposerons pour finir les diverses réformes qui, dans ces dernières années, ont été proposées en ce qui concerne les juridictions de prises.

1. Mettre simplement ce navire sous séquestre et le restituer à la fin des hostilités serait, à notre avis, encourager trop les tentatives de violation de blocus, la sanction en étant devenue trop peu sévère.

2. Les solutions données par les tribunaux de France ont une grande importance doctrinale, même aux yeux des jurisconsultes étrangers. « Elles ne sont pas inspirées uniquement par l'esprit national, mais plutôt par celui du *jus gentium*, qu'on observe également chez tous les peuples » Bulmerincq, *Revue de dr. int.* 1879, p. 155.

PREMIÈRE PARTIE

LES TRIBUNAUX DE PRISES EN FRANCE

CHAPITRE I.

HISTORIQUE DES TRIBUNAUX DE PRISES DANS L'ANCIEN DROIT FRANÇAIS ET DE LA RÈGLE QUE « TOUTE PRISE DOIT ÊTRE JUGÉE ».

Toute prise doit être jugée ; cette règle est aujourd'hui universellement admise. Une capture ayant été faite, il importe en effet de savoir si elle l'a été légalement et régulièrement. — Comment, dans l'histoire du droit international, s'est introduite la règle que toute prise doit être jugée ? — par suite de quelles circonstances ? sous l'empire de quelles nécessités ?

En droit romain, le capteur devient propriétaire de la prise par le fait même de la capture (1) ; et la législation de Rome ne connaît pas l'existence d'une juridiction quelconque chargée d'apprécier la validité des prises, leur régularité.

Et il nous faut arriver au moyen-âge pour voir d'autres règles s'introduire peu à peu.

1. Dig, 41, 1, L. 5 § 7.

Pendant longtemps, il ne semble pas qu'il y ait eu, en fait, une différence bien sérieuse entre la course et la piraterie (1).

Les divers Etats d'alors n'avaient pas de marine de guerre; ils faisaient appel au concours des particuliers propriétaires de navires quand ils voulaient lutter sur mer, et jusqu'au début du XIVe riècle, les divers traités désignèrent indifférement ces particuliers sous les noms de *piratæ*, *prædones*, ou *corsarii* (2). Au cas de capture, le commandant du corsaire capteur appliquait immédiatement lui-même les règles sur les prises, sans contrôle, ni appel : c'était l'appropriation pure et simple au profit du capteur. Il en fut ainsi jusqu'en 1356 (3).

Lorsque la course et la piraterie furent devenues différentes, les pirates continuèrent à courir sus à tous les navires, quelle que fût leur nationalité, tandis que les corsaires furent obligés de respecter les navires neutres, tout au moins à partir du moment, assez tardif, où commença à se dégager nettement l'idée de neutralité.

Ainsi, peu à peu, les pirates se mirent en dehors du droit des gens, tandis que, d'autre part, les corsaires durent être soumis à une surveillance, à un contrôle, à une juridiction.

Pour la même raison, ils durent fournir au gouvernement qui leur donnait, dans son intérêt personnel, la faculté de s'enrichir des dépouilles de l'adversaire, des garanties ; car l'Etat, en investissant les corsaires du droit de courir sus au commerce ennemi, devait chercher à éviter toute complication, à limiter l'action de ses auxiliaires trop tentés de capturer sans distinction de nationalité, tous les navires qui, neutres ou ennemis, s'offraient à leur héroïsme, et il faut bien le dire, à leur rapacité.

1. Pardessus, t. II, p. 119.
2. De Bœck, p. 18.
3. De Bœck, p. 25.

En résumé, du jour où les corsaires ne purent plus tout saisir indistinctement, des juridictions durent être créées pour apprécier la validité des prises. Et nous arrivons ainsi à formuler cette conclusion que s'il n'y avait jamais eu de corsaires, il n'y eût jamais eu de tribunaux de prises.

Il y a, entre les corsaires et ces tribunaux, une relation de cause à cet effet.

L'institution d'un cautionnement fut une première garantie contre les corsaires. Les corsaires furent, à partir d'une certaine époque, astreints à fournir un cautionnement pour répondre de leurs actes. Nous trouvons notamment cette obligation dans une ordonnance de Pierre, roi d'Aragon (1356).

De même, en 1400 (1), l'ordonnance françaises du 7 décembre exige des corsaires une *caution juratoire*, c'est-à-dire le serment qu'ils ne feront aucun dommage aux sujets, amis ou alliés du roi (2). Plus tard, sous Louis XIV, un cautionnement réel fut exigé des corsaires français (3). Ce cautionnement finit par être fixé à 36.000 ou 72.000 livres, suivant que l'équipage du corsaire était inférieur ou supérieur à 150 hommes (4).

Ces cautionnements devaient répondre des dommages-intérêts encourus par le corsaire au cas de prise illégale effectuée sans motif plausible.

Les abus commis par les corsaires avaient fait naître à la fois l'idée d'un cautionnement qui devait être exigé d'eux quand ils prenaient la mer et, par suite, l'idée de la création

1. 1373, d'après certains auteurs.

2. *Adde* : édit de 1517, art. 1 et 2 ; — édit de 1543, art. 17 ; — ordonnance de 1584, art. 29.

3. Traité du 10 mai 1655, entre Louis XIV et les villes Hanséatiques. Traité du 3 novembre 1655, entre l'Angleterre et la France ; ordonnance du 23 février 1674.

4. L'art. 20 de l'arrêté prairial an XI fixa les chiffres à 37.000 et à 74.000 francs.

d'une juridiction dont le rôle devait être d'apprécier les actes des corsaires et la validité de leurs prises.

Les ordonnances de 1400, 1527, 1584 attribuèrent à l'amiral (ou à son lieutenant) la compétence en matière de prises et lui confièrent le soin d'en examiner la validité ; « il existe une décision de l'amiral, du 3 octobre 1624, qui est la plus ancienne de ce genre, où l'on voit qu'il prononce en vertu du pouvoir attaché à sa charge d'amirauté (1). » Citons aussi le traité du 29 mars 1632 entre la France et l'Angleterre : « Dans les 24 heures de l'arrivée dans un port de son pays, le capteur devra se présenter devant le juge d'amirauté ou, s'il n'y en a pas dans le port. devant les officiers du roi. Les papiers de bord seront remis à l'amiral ou à son greffier dans le même délai ; le juge fera un inventaire et en donnera copie aux intéressés.... » (2).

Sous Louis XIII la charge d'amiral est supprimée ; elle est remplacée par celle de grand maître, chef et surintendant de la navigation et du commerce de France. Le premier grand maître fut Richelieu. Puis cette charge est attribuée à Anne d'Autriche, avec pouvoir spécial de statuer sur les prises (3).

Le duc de Vendôme succéda à Anne d'Autriche dans la charge et dans la mission de juger les prises ; mais les aptitudes des hauts personnages que l'on investissait ainsi de cette juridiction étant évidemment insuffisantes, une commission composée de conseillers d'Etat et de maîtres des requêtes fut, par ordre de Louis XIV (arrêt du Conseil, 19 août 1650), chargée, auprès du titulaire de la charge, du soin de juger les prises.

1. Pistoye et Duverdy, t. 1, p. 147. Au début du XVe siècle, en Angleterre, nous trouvons des règles analogues (De Bœck, n. 22). A la fin du XIVe siècle, les tribunaux de prises apparaissent à Venise et dans le royaume des Deux-Siciles.

2. De Bœck, p. 40. Dumont VI, 1, p. 33.

3. Art. 6. Déclaration du 1er février 1650.

En 1659, alors que la monarchie française devient absolue et administrative, des lettres patentes de Louis XIV, données à Toulouse le 20 octobre 1659, dans lesquelles on peut voir « la véritable origine du conseil des prises » (1), disposent ainsi : « L'un des principaux moyens pour conserver l'union et l'amitié que nous désirons entretenir avec nos alliés, et pour empêcher ceux qui voudraient donner trop grande faveur et assistance aux ennemis de cet Etat, dépend de la règle qu'on doit tenir et observer au jugement des prises qui se font à la mer, tant par nos vaisseaux que ceux de nos sujets... A ces causes nous avons ordonné et ordonnons de vous assembler à l'avenir près de la personne de notre dit oncle de Vendôme, pour tenir ledit conseil et juger les prises qui seront faites en mers de levant et ponant, tant par nos vaisseaux et galions que par les vaisseaux de nos sujets, juger les droits appartenant à nous et à notre dit oncle de Vendôme, bris de vaisseaux ou de choses pêchées en mer et trouvées sur le rivage, régler le salaire des officiers de justice de l'amirauté. Et de ce nous vous avons attribué et attribuons, par ces présentes, toute juridiction et connaissance, et icelle interdisons à tous autres juges ; voulons et entendons que les jugements qui seront rendus par vous ès-choses qui se pourront réparer et définir, soient exécutés, en baillant caution, par les parties intéressées, nonobstant oppositions ou appellations quelconques, desquelles, si aucunes interviennent, nous avons réservé la connaissance à notre conseil pour y être jugées en la forme qu'il sera par nous ordonné. »

Le conseil des prises subsista lorsque la charge d'amiral fut rétablie en faveur du comte de Vermandois, puis du comte de Toulouse. Le conseil devrait se tenir chez l'amiral (2).

1. Barboux, p. 22.
2. Depuis l'arrêt du conseil du 2 octobre 1689 les officiers de l'amirauté pouvaient également juger les prises lorsqu'elles parais-

Le Parlement chercha, à diverses reprises, à connaître en appel des décisions du conseil des prises; mais il n'y put réussir et l'appel finit par être porté au conseil royal des finances. (Règlement de 1695; art. 18 règlement du 19 juillet 1778).

Le conseil des prises n'exerçait ses fonctions que pendant la durée de la guerre : au début de celle-ci, le roi nommait les membres de ce conseil, ainsi qu'un procureur général (1). Il en fut ainsi jusqu'à la fin de l'ancienne monarchie.

saient évidemment bonnes ; mais depuis le règlement du 9 mars 1695, ces officiers n'eurent plus que le droit de procéder à l'instruction préparatoire et de faire exécuter la sentence de l'amiral, rendue au conseil des prises.

1. Le conseil créé le 19 juillet 1778 pour statuer quant aux prises faites par les Français sur les Anglais pendant la guerre de l'Indépendance est le dernier qui ait siégé avant la Révolution.

CHAPITRE II

ORGANISATION DES TRIBUNAUX DE PRISES, DE 1789 A L'ÉPOQUE ACTUELLE.

Les tribunaux d'amirauté furent supprimés, ainsi que tous les autres offices de judicature, le 4 août 1789. Par les lois du 13 août 1791 et du 14 février 1793, le jugement des prises fut déféré aux tribunaux de commerce, en 1re instance et, quant à l'appel, aux tribunaux de district, c'est-à-dire à des juridictions de l'ordre judiciaire.

Les consuls français dans les ports neutres furent également investis du droit de juger les prises. Cette dernière disposition est surtout critiquable si l'allégation de Busch (1) est vraie : que les consuls avaient souvent, sur la prise, une part de propriété.

On objecta alors les inconvénients qu'il y avait à confier à des tribunaux de l'ordre judiciaire l'examen de questions internationales pouvant engager, à l'extérieur, la responsabilité du pays ; en sorte que le 18 brumaire an II (8 nov. 1793), la Convention décréta que les décisions sur les prises seraient rendues par voie administrative : le conseil exécutif provisoire était chargé de statuer.

Le 4 floréal an II, le Comité de Salut public remplace dans cette fonction le conseil exécutif provisoire (2).

Enfin, avant de se séparer, et revenant à son idée première,

1. D'après Katchenovsky, p. 78, note K.
2. Pistoye et Duverdy, t. 2, p. 150.

la Convention, le 3 brumaire an IV (25 octobre 1795), donna de nouveau aux tribunaux ordinaires le soin d'examiner la validité des prises. Les commissaires près ces tribunaux avaient, il est vrai, le droit d'en référer du gouvernement toutes les fois qu'ils estimaient que la solution à intervenir pourrait créer des complications internationales, mais les tribunaux statuaient souvent malgré le référé au Directoire.

Pour la seconde fois également, de vives objections furent élevées contre ce système (1). La loi du 26 ventôse an VIII (24 mars 1800) proclama la nécessité de la réorganisation des tribunaux de prises ; enfin l'arrêté du 6 germinal an VIII institua à Paris *un conseil des prises*, et, dans les ports, des juridictions spéciales.

Ce conseil des prises était nommé par le Premier Consul. Il se composait : d'un conseiller d'Etat, président ; de huit membres ; d'un commissaire du gouvernement (2) ; d'un secrétaire. Ces diverses fonctions étaient rétribuées.

On avait rendu ainsi d'une façon définitive, « à l'autorité politique, le soin de statuer sur ces contestations éminemment internationales » (3). D'après ce même arrêté de germinal an VIII, dans chaque port, soit en France, soit aux colonies, soit même dans les ports neutres, furent créés des tribunaux ayant, au moment où la prise est arrivée au port où elle sera en sûreté, une compétence spéciale en matière de prises.

Dans les ports de la France continentale. ces tribunaux spéciaux s'appelaient « commissions des ports » (4). Ces commissions se composaient : de l'officier de l'administration de la marine, du commissaire de l'inscription maritime, et du contrôleur de la marine.

1. V. les considérations présentées par le conseiller d'Etat Emery, Pistoye et Duverdy, t. 2, p. 159.
2. Portalis.
3. Barboux, p. 42.
4. Ces tribunaux sont analogues aux anciennes amirautés.

L'officier d'administration de la marine, membre de cette « commission du port », était chargé des diverses formalités initiales nécessaires à l'arrivée au port et dont l'ensemble porte le nom d'instruction préparatoire (1).

Une fois terminée cette instruction préparatoire, la commission des ports et le conseil des prises de Paris statuaient sur la validité de la prise. Comment faire, entre ces tribunaux, le départ de compétence ? Une instruction du ministre de la marine, en date du 16 janvier 1808, résout ainsi la question : « Par l'article 9 de l'arrêté du 6 germinal an VIII, les administrateurs (commissions des ports) sont appelés à prononcer sur la validité des prises faites *sous pavillon ennemi* et qui sont évidemment ennemies (2). Le sens de ces mots « évidemment ennemies » a été souvent mal entendu, et quelques administrateurs ont pensé qu'ils pouvaient statuer sur la prise d'un navire neutre, quand il était en contravention aux règlements, ou sur la recousse d'un navire neutre ou français. Les prises faites sous pavillon ennemi sont les seules dont le jugement soit de la compétence de l'administration. »

C'est au conseil des prises à statuer sur les prises faites sous pavillon neutre, ou sur les recousses des bâtiments qui, antérieurement à leur capture, naviguaient sous pavillon français ou neutre.

D'après MM. Pistoye et Duverdy (3), « cette commission des ports avait pouvoir, lorsque le bâtiment avait été pris sous pavillon ennemi, ou qu'il était évidemment ennemi, de le décla-

1. Dans l'ancien droit, les amirautés faisaient l'instruction des prises. Par la loi du 3 brumaire an IV, les juges de paix avaient été chargés de cette instruction.

2. Le vaisseau *évidemment* ennemi est celui qui navigue avec un passeport émané d'une puissance ennemie (art. 39, arrêté du 2 prairial, an XI.

3. Pistoye et Duverdy, t. II, p. 164.

rer de bonne prise ; lorsque, dans la décade suivante, aucune réclamation n'était parvenue, il était procédé à la vente de la prise, et les décisions de la commission des ports avaient acquis l'autorité de chose jugée ». Au cas de réclamations, ou si les commissions des ports ne jugeaient pas les prises valables, leurs décisions n'avaient qu'un caractère purement *préparatoire* et c'était au conseil des prises à statuer (1).

Les articles 19 à 21 de l'arrêté du 6 germinal an VIII, créaient également *la juridiction des commissions coloniales.* Chaque commission était composée : de l'officier d'administration de la marine dans les colonies ; de l'officier qui, dans le même port, est chargé des fonctions de contrôleur de la marine ; et du commissaire de l'inscription maritime.

Ces commissions coloniales avaient, dans les colonies françaises, des pouvoirs analogues à ceux qu'avaient, dans les ports français, les commissions des ports. De plus sur l'ordre spécial du Gouverneur de la colonie, les commissions coloniales pouvaient statuer sur la validité des prises opérées sous pavillon neutre et prononcer, moyennant caution, l'exécution provisoire de la décision.

Le 2 prairial an XI, un arrêté porta de trois à cinq le nombre des membres des commissions coloniales que présidait le gouverneur de la colonie. En tous cas le Tribunal des prises siégeant à Paris était juge d'appel des décisions rendues par ces commissions coloniales.

L'arrêté de germinal an VIII organisait, enfin, des *commissions consulaires* dans les ports neutres. Ces commissions, dont la mission était analogue à celle des commissions des ports, se composaient du consul, président, et de deux Français ayant leur résidence dans le port neutre. Ces commissions statuaient autant que les traités internationaux pouvaient le leur permettre.

1. Article 12, arrêté de germinal an VIII.

Notons immédiatement que les commissions des ports, les commissions coloniales et les commissions consulaires (1) ont été abolies par le décret du 18 juillet 1854, et revenons au Conseil des Prises. Ainsi, sous l'empire de l'arrêté de germinal an VIII, le Conseil des Prises statuait, soit en premier et dernier ressort, soit en appel de la décision des commissions, sur la validité de la capture. Mais lors de l'organisation du Conseil d'Etat en 1806, il fut décidé que désormais l'appel des décisions du Conseil des Prises devrait être, en dernier ressort, porté devant le Conseil d'Etat (2) comme il existait, autrefois, au Conseil des finances.

A partir de 1806, l'appel sur les prises fut instruit par la commission du contentieux que présidait le Ministre de la Justice (grand-juge). Le Conseil d'Etat, en assemblée générale, statuait définitivement (3). Enfin, à partir de 1810, les appels du Conseil des Prises ne furent plus portés devant le Conseil d'Etat, mais bien devant l'Empereur, qui voulait examiner lui-même ces recours (4).

Après la chute de l'Empire, le Conseil d'Etat perdit, on le sait, ses attributions politiques ; mais il garda ses attributions administratives : l'ordonnance du 9 janvier 1815 chargea le Conseil d'Etat de statuer, en premier et en dernier ressort, sur la validité des prises, et ce système se maintint sous toute la Restauration et sous le règne de Louis-Philippe.

1. Les consuls n'ont plus que le droit de procéder à l'instruction préparatoire ; ils n'ont plus, aujourd'hui, le droit de juger les prises qui seraient conduites dans les ports neutres de leur consulat. D'ailleurs, ainsi que le remarque M. Calvo, t. 5, p. 307, « si les neutres ne peuvent pas, sans manquer à leur caractère, s'immiscer dans les actes de capture, à plus forte raison ne sauraient-ils tolérer qu'un tribunal étranger s'établisse et fonctionne sur leur territoire ».

2. Art. 14, 3° Décret du 11 juin 1806.

3. Pistoye et Duverdy, t. II, p. 176.

4. Pistoye et Duverdy, t. II, p. 177.

Sous le second Empire, à l'occasion de la guerre de Crimée, le décret du 18 juillet 1854 réorganisa la juridiction en matière de prises, et supprima les diverses commissions des ports, coloniales, consulaires (1). Tout d'abord *un Conseil des Prises* est créé ; il siège à Paris. Ce Conseil des Prises, dont les membres sont nommés par l'Empereur, et dont les fonctions sont gratuites, est composé : 1) d'un conseiller d'Etat, président ; — 2) de six membres, dont deux pris parmi les maîtres des requêtes du Conseil d'État ; — 3) un commissaire du gouvernement remplacé, au cas d'empêchement, par un membre du Conseil des Prises. Un secrétaire-greffier est attaché au Conseil.

Les séances ne sont pas publiques : cinq membres au moins doivent être présents pour qu'une décision soit rendue. Ces décisions ne sont exécutoires que huit jours après la communication officielle qui en est faite au Ministre des Affaires étrangères et à celui de la marine.

L'appel, interjeté soit par la commission du gouvernement, soit par les parties intéressées, est porté au Conseil d'État (2). Les fonctions du Conseil des Prises cessèrent le 1er juin 1856, après le rétablissement de la paix (3).

Ces dispositions du décret du 18 juillet 1854 furent reproduites à l'occasion de la guerre entre la France et l'Autriche, par le décret du 19 mai 1859. Jusque-là le Conseil des Prises avait été essentiellement temporaire : la guerre terminée, et les prises faites pendant cette guerre une fois jugées, le Conseil était dissous. Il n'en fut pas de même en ce qui concerne le Conseil des Prises institué en 1859 : « Le Conseil des Prises institué par notre décret du 19 mai 1859 statuera pendant

1. Nous dirons que le décret de 1854 contient les règles qui, aujourd'hui encore, sont applicables en notre matière.

2. Art. 6, Décret du 18 juillet 1854.

3. Barboux, p. 142 ; — Décret du 3 mai 1856.

tout le temps durant lequel il sera maintenu, sur toutes les demandes et contestations relatives à la validité des prises maritimes dont le jugement doit appartenir à l'autorité française. » Ainsi s'exprime le décret du 28 novembre 1861.

Le Conseil des Prises créé en 1859, n'ayant jamais été dissous par une disposition quelconque, on peut dire que le décret de 1861 a rendu permanent le Conseil des Prises de 1859 (1).

Le Conseil des Prises, ainsi devenu permanent (2) se trouva donc tout naturellement et sans investiture nouvelle, saisi valablement de toutes les questions qui, relatives aux prises, s'élevèrent lors de la guerre franco-allemande. Mais, ce Conseil siégeant à Paris, dès que la capitale fut investie et que les communications furent interrompues pour une période indéterminée, la délégation de Tours institua. au siège de la délégation, par décret en date du 27 octobre 1870, *un Conseil provisoire des prises.*

Le Conseil provisoire des prises comprenait un président, quatre membres, et un commissaire du gouvernement. « Les membres composant le Conseil sont pris parmi les fonctionnaires des départements de la Justice, des Affaires étrangères et de la Marine, en nombre égal et nommés sur la présentation des ministres de leur département respectif ; leurs fonctions sont gratuites » (art. 2 du décret). Au surplus, le Conseil provisoire se substituait, jusqu'au rétablissement des communications avec Paris, au Conseil des Prises siégeant, depuis 1859, d'une manière permanente. Les attributions et le mode de procéder devaient être, et, en fait, ont été identiques.

Jusqu'au rétablissement des communications avec Paris,

1. « Ecrit adressé par le Ministre des affaires étrangères à l'envoyé anglais à Paris, concernant la procédure des Prises », le 21 août 1870.

2. « Modification sans importance, puisque les fonctions de membre du conseil sont gratuites » : Barboux, p. 43.

c'est-à-dire jusqu'au 26 janvier 1871, le Conseil provisoire a fonctionné ; il siégea à Tours, puis à Bordeaux ; c'est lui qui a eu à examiner presque tous les cas de prises qui se sont produits pendant la guerre de 1870-1871. Il a rendu 75 décisions.

Actuellement, quant à la composition du Conseil des Prises, c'est aux dispositions du décret de 1859 et par suite à celles du décret de 1854, reproduites en 1859 qu'il faut se référer.

Le Conseil des Prises comprend donc huit membres nommés par décret du Président de la République.

Quant à l'appel des décisions du Conseil des Prises, nous avons dit, au cours de l'étude historique qui précède, comment fut successivement organisé ce recours.

Aujourd'hui, et depuis 1854, l'appel des décisions du Conseil des Prises est délibéré par l'Assemblée générale du Conseil d'Etat, et la solution est donné par un décret du chef de l'Etat. Nous reviendrons sur ce point en étudiant le recours qui peut être exercé contre les décisions du Conseil des Prises (1).

APPENDICE

DE LA NATURE JURIDIQUE DES TRIBUNAUX DE PRISES

Les juridictions chargées d'examiner les prises constituent-

1. Un décret du 29 sept. 1870 (D. P. 70, 4, 94) avait décidé que les recours seraient portés devant la commission chargée de remplacer le Conseil d'Etat qui avait été dissous le 4 septembre. — En fait, beaucoup de décisions rendues tant par le Conseil des Prises de Paris que par la commission provisoire de Bordeaux ont été portées en appel devant cette commission.

elles, en France, de véritables tribunaux ? et à quel ordre de tribunaux, si l'on admet ce dernier point, faut-il les rattacher ?

Tranchons d'abord la question suivante : *la juridiction des prises est-elle un tribunal?*

Il est essentiel de remarquer ici que les prises sont faites au nom de l'Etat qui a le droit, avant tout jugement, d'ordonner la restitution d'une prise : ou bien parce que le gouvernement estime que la capture est évidemment injuste ; ou bien parce qu'il estime qu'étant données les circonstances politiques, il est préférable, dans l'intérêt du pays, de restituer cette prise, bien qu'elle ait été légalement faite (1). Le droit de prise est donc un apanage de la souveraineté (2). Par suite, dit-on, la décision que rend l'autorité administrative chargée d'examiner la validité des prises n'a pas le caractère d'un véritable jugement. On ajoute que l'usage de la course avait, il est vrai, faussé cette notion ; mais, aujourd'hui, la course est abolie.

En somme, dans cette opinion, le gouvernement seul est juge en la matière ; il n'y a, ici, qu'une question de souveraineté (3) ; l'expression « jugement des prises » est donc fausse (4) ; le « tribunal des prises » n'est pas un tribunal, mais bien plutôt une commission administrative spéciale (5), qui ne tranche pas une question contentieuse, la solution qu'il donne étant plutôt un acte de haute police.

Ce système argumente enfin de ce que la juridiction des prises est saisie d'office et statue même lorsqu'il n'y a pas de

1. La France agit ainsi en 1870, dans un cas spécial (V. affaire de *la Ghérardine*, Barboux,p. 39 et suiv.).

2. Barboux, p. 36.

3. Massé, *Le droit commercial dans ses rapports avec le droit des gens*, t. 1, n. 414.

4. Oppenheim, *Système du droit des gens*, p. 268.

5. Klüber, n. 295.

réclamation du capturé ; tandis que les juridictions qui constituent des tribunaux véritables sont seulement saisies par les parties intéressées.

Contrairement à l'opinion qui précède, nous estimons que la juridiction des prises constitue un véritable tribunal ; il faut, en effet, après chaque capture, un jugement « statuant juridiquement » (1). La solution qu'il donne a un caractère contentieux. D'ailleurs, il se présente, dans les affaires de prises, des questions de droit privé, de propriété, de revendications qui mettent suffisamment en relief le caractère contentieux de cette juridiction ; et il en est encore ainsi depuis la suppression des corsaires ; l'usage de la course n'a donc pas faussé la notion du jugement en matière de prises, comme on le soutient dans l'opinion que nous combattons.

Mais tout en admettant que dans toute affaire relative aux prises, il y a une question *juridique* à trancher, celle de la validité de la prise, et que, par suite, la juridiction chargée d'apprécier cette validité est bien un tribunal, nous reconnaissons qu'il y a dans chacune de ces affaires, une question *politique*, relative à l'*opportunité* de la prise, à propos de laquelle, avant l'instance, le Gouvernement peut intervenir. La juridiction des prises, qui statue sur un fait de guerre, en même temps qu'elle a un caractère contentieux, a un caractère gouvernemental et politique (2).

Etant admis, désormais, que la juridiction des prises est un véritable tribunal, à quel ordre de tribunaux faut-il la rattacher ?

On a soutenu que le débat qui, relativement à la validité

1. Cauchy, t. 1, p. 65 ; — Gessner, p. 386 ; — Bulmerincq, *Revue de droit international*, 1879, p. 159 et suiv.

2. Calvo, t. 5, n. 3068, p. 294 et suiv. ; Laferrière, t. 2, p. 65. D'après Azuni (*Droit maritime de l'Europe*, t. II, ch. II, art. 4), le tribunal des prises est un tribunal extraordinaire, exceptionnel, une institution juridico-politique.

de la prise, s'élève entre le capteur et le capturé, est un litige d'ordre privé, rentrant nécessairement, par suite, dans les attributions des tribunaux ordinaires.

Par application de cette idée, nous avons vu que, de 1792 au 8 germinal an VIII, les tribunaux de commerce, et, en appel, les tribunaux de district, jugèrent les questions de prises.

Ce système méconnaît évidemment le caractère que doit avoir une décision sur les prises ; certes, il y a à trancher, dans ces affaires, des questions d'ordre privé ; mais il ne faut pas oublier que la prise est un fait de guerre, soulevant des questions, souvent délicates, de droit international, et que le côté gouvernemental et politique de la solution à intervenir a pour le pays une importance considérable.

En fait, à l'époque actuelle, comme en général aux diverses périodes de notre histoire, les juridictions chargées d'examiner les prises ont un certain caractère administratif. S'il est, peut-être, préférable de confier le jugement des prises à des tribunaux spéciaux n'appartenant pas à l'administration, et composés surtout de jurisconsultes possédant, sur le droit international, des connaissances approfondies, il faut cependant voir un progrès dans le système qui, confiant à l'administration, sous l'autorité du gouvernement, le soin de juger les prises, affirme par cela même le caractère politique et gouvernemental des juridictions dont nous nous occupons.

Les tribunaux de prises sont donc des tribunaux *nationaux*, organisés par l'Etat capteur. Mais il ne faut pas oublier que ces tribunaux ont pour mission de statuer sur des questions de droit international et d'appliquer les principes posés par le droit des gens lorsque, tout au moins, des règles précises ne leur ont pas été tracées par l'Etat qui les a institués (1). En

1. Comp. de Bœck, n. 331 et 357 ; — de Martens-Léo, t. 3, p. 299 ; — Gessner, p. 396.

résumé, nous concluons que la juridiction des prises constitue un véritable tribunal, mais un tribunal spécial, ayant un caractère mixte, les prises maritimes soulevant deux questions distinctes, l'une politique et gouvernementale, l'autre purement contentieuse (1).

1. De Pistoye, *Gazette des Tribunaux* du 17 avril 1840 ; — Pistoye et Duverdy, t. 2, p. 179 et suiv.

CHAPITRE III

COMPÉTENCE

Toute étude sur la compétence comprend l'examen de deux questions bien distinctes : l'une est relative à la compétence *ratione materiæ* ; — l'autre envisage la compétence *ratione personæ*. — Nous aurons donc à nous demander : 1° Quelles affaires sont soumises, d'une manière générale, aux tribunaux de prises, quelle est l'amplitude des pouvoirs de ces derniers ; — 2° une prise ayant été faite, quel sera le pays dont la juridiction des prises devra en apprécier la validité.

Section I.

Des contestations sur lesquelles les tribunaux de prises ont à se prononcer.

La prise est-elle valable ? a-t-elle été légalement faite, conformément aux principes du droit international ? Telle est la question fondamentale que le tribunal des prises est appelé à trancher, par délégation du souverain de l'Etat auquel ce tribunal appartient.

Les contestations concernant soit la propriété du navire, soit celle de la cargaison ne rentrent pas, en principe, dans la compétence du conseil des prises. Il en est ainsi du moins tant qu'il n'estpas nécessaire ou utile pour le conseil de trancher de telles questions afin d'arriver à établir le caractère soit neutre, soit hostile du navire capturé ou de la cargaison ; car si, inversement, il était nécessaire, pour apprécier le caractère hostile ou neutre d'un navire ou d'une cargaison, d'examiner la question de savoir qui est propriétaire de ce navire ou de cette cargaison, il est évident que le conseil des prises aurait toute compétence pour examiner cette question de propriété, puisque, sans cet examen, il ne pourrait baser en fait la décision qu'il va rendre (1).

Ces idées générales une fois exposées, examinons les principales hypothèses dans lesquelles les conseils de prises sont compétents.

I. — *Validité.*

Nous avons dit que le conseil statuait avant tout sur la question de la validité de la prise.

Après avoir vérifié notamment et d'office si la prise a été faite en pleine mer ou dans des eaux territoriales neutres (2), il adjuge, s'il y a lieu, la prise au capteur dont, jusque-là, les droits sont en suspens (3).

1. V. sur ce point Conseil des prises, 15 déc. 1870 (*Le Borussia*). Barboux, p. 51 à 53 ; — Conseil des prises, 27 février 1871, le *Ludwig*, Barboux, p. 53.

2. Conseil des prises de Paris, 19 janvier 1871. – *Le Frei*, Barboux, p. 66. La capture faite dans les eaux territoriales neutres doit être déclarée nulle, alors même que l'Etat neutre n'interviendrait pas : Conseil des prises, 27 fructidor an VIII.

3. Laferrière, t. 2, p. 71.

Du reste il n'est pas nécessaire que la prise ait été conduite dans un port français pour que le conseil puisse statuer ; il suffit que celui-ci soit, par les soins du capteur, en possession d'éléments assez précis pour baser sa décision (1) : « Aucune législation. dit M. Calvo, aucun principe de droit international n'exige que la prise se trouve dans le lieu même où siège le tribunal appelé à statuer sur sa validité. Cette condition serait d'ailleurs souvent impossible à remplir, puisqu'il y a des pays où les cours de prises ou d'amirauté sont établies dans l'intérieur des terres, au siège du gouvernement, comme en France, par exemple. D'un autre côté, le capteur peut, avant qu'une sentence lui en ait adjugé la propriété, avoir été contraint par force majeure à détruire ou à préempter dans un but d'utilité publique les objets dont il s'est emparé *jure belli*. Les enquêtes relatives à la capture, les actes nécessaires pour sa constatation, pour la description et l'inventaire du navire et du chargement, pour leur conservation ou leur vente éventuelle, l'accomplissement des formalités préliminaires et des dispositions administratives qui les concernent peuvent avoir lieu dans un autre endroit que celui où siège le tribunal des prises ; mais le tribunal a seul le droit de prendre les mesures exigées par ces dispositions ainsi que pour les interrogatoires ultérieurs qui pourraient devenir nécessaires. Les parties qui ne seront pas présentes pour faire valoir leurs droits peuvent se faire représenter. La seule obligation impérative qui existe en cette matière, c'est que le capteur ou le gouvernement dont il relève mette le tribunal compétent à même de prononcer en pleine connaissance de cause sur la régularité de la prise, qu'il lui fournisse tous les éléments de sa sentence, et que les choses capturées qui n'existent plus en nature soient suppléées par une caution ou des valeurs équivalentes ».

1. Calvo, t. 5, n. 3059.

II. — *Dommages-intérêts.*

Supposons, en second lieu, que la prise soit illégale : le Conseil des Prises sera compétent pour examiner, incidemment à la question de validité, celle de savoir si des dommages-intérêts sont dus au capturé, pour en admettre ou non le principe (1).

Ce point de la théorie en matière de dommages-intérêts nous semble très bien résumé dans une décision du Conseil des Prises en date du 17 fructidor an VIII : « Les dommages-intérêts qu'occasionne quelquefois l'invalidité de la prise sont une circonstance relative à la prise, et même une conséquence ou dépendance de cette invalidité, mais cette conséquence ne peut se déduire que de la décision de l'invalidité de la prise suivant telle ou telle circonstance. Jamais le Conseil des Prises ne peut prononcer sur les dommages-intérêts présentés en question principale ; — mais seulement en question relative et dépendante de l'invalidité de la prise, et cela par une raison toute simple. Pour juger s'il est, ou non, dû des dommages-intérêts, il faut juger nécessairement la question de validité ou d'invalidité. Cette question n'étant pas portée au Conseil, il serait dérisoire qu'il s'occupât de l'accessoire dont le fonds lui est inconnu. »

Pour que le conseil des prises soit compétent relativement aux demandes d'indemnités formées contre le capteur, à raison des fautes commises par celui-ci, il est nécessaire que ces demandes soient formées accessoirement à la questien de validité de la prise. Si donc, par exemple, un neutre subit des dommages, mais sans être capturé ; ou bien encore s'il est saisi, puis relâché, le conseil des prises serait incompétent pour connaître de la demande d'indemnité formée par ce navire neutre (2).

1. Pistoye et Duverdy, t. 2, p. 235.
2. Laferrière, t. II, p. 73,

Mais si le conseil des prises est compétent pour admettre le principe des dommages-intérêts, est-il également compétent en ce qui concerne le détail de leur liquidation ; ou bien celle-ci sera-t-elle confiée à un tribunal ordinaire, notamment à un tribunal de commerce, auquel renverrait le conseil des prises ? Lorsque la course était permise, il en était ainsi : le le conseil des prises renvoyait aux tribunaux de commerce ; mais aujourd'hui, alors que la course est abolie en principe, on ne peut plus renvoyer devant la juridiction consulaire les officiers et équipages de la marine de l'Etat, seul capteur, et aussi l'Etat civilement responsable. Nous sommes donc ainsi amené à conclure que le conseil des prises serait compétent non seulement pour poser le principe des dommages-intérêts qui pourraient être dus au cas d'invalidité, mais aussi pour liquider ces dommages-intérêts (1).

III. — *Transactions.*

Lorsque la course existait, le capteur pouvait transiger avec le capturé, quand la prise avait été conduite au port ; mais la transaction devait être homologuée par le conseil des Prises (2). Aujourd'hui, en principe, les transactions sont impossibles pour les vaisseaux de guerre capteurs. Que si par exception, elles étaient possibles, en vertu d'une permission du ministre de la marine envisageant spécialement cette éventualité, les transactions et même les désistements absolus qui pourraient, alors, intervenir, ne seraient pas soumis à l'homologation du conseil des Prises, car ces contrats « émanent des dépositaires directs du droit de la paix et de la guerre » (3).

IV. — *Rançon.*

« Toute prise doit être jugée, et il ne vous est pas permis

1. Laferrière, t. II, p, 74. Comp. cependant Barboux, p. 51.
2. V. conseil des Prises 13 prairial an VIII, et les conclusions de Portalis ; Pistoye et Duverdy, t. 2. p. 351 et suiv.
3. Pistoye, p. 349-350.

de consentir à un traité de rançon, sauf le cas de force majeure, et, dans ce cas même, l'acte de rançon devra être soumis à la juridiction qui est chargée, en France, du jugement des prises » (1). Depuis l'abolition de la course, la rançon a perdu de son importance pratique.

Il n'y a pas, pour le tribunal des prises, lieu de statuer : 1° au cas de reprise (2) ; 2° au cas de recousse (3).

Mais il est évident que, pour que le conseil des prises soit compétent il faut qu'il s'agisse d'une prise véritable : toutes les fois que la saisie n'aura pas sa cause dans un fait de guerre, les tribunaux de prises n'ont pas à en connaître ; par exemple, et cela a été jugé, si un navire est saisi pour contravention à la législation d'un protectorat sur la navigation le long des côtes et le commerce des poudres, cette saisie ne peut être assimilée à une prise ; le conseil des prises n'a donc pas à statuer sur la validité et les effets de cette saisie (4).

De même le conseil des prises n'est pas compétent pour connaître des difficultés qui peuvent survenir une fois sa décision rendue (5), alors même que ces difficultés auraient leur source immédiate et directe dans cette décision elle-même. Par suite, le conseil des prises est incompétent pour connaître des contestations entre les ayants-droit et l'autorité administrative chargée de répartir la prise (6), ou des difficultés auxquelles la liquidation de la prise pourrait donner lieu entre équipages

1. Instructions françaises du 25 juillet 1870, art. 17. — de Bœck, p. 283, et suiv. — Pistoye et Duverdy, t. 2, p. 280 et suiv.

2. Heffter-Geffcken, n° 138, note 1.

3. Bluntschli, règle 846.

4. Cons. des Prises, 8 fév. 1892, l'*Avalanche*.

5. Dans un ordre d'idées analogues, on sait que les tribunaux de commerce et les juges de paix ne connaissent pas de l'exécution de leurs jugements.

6. Laferrière, t. 2, p. 70.

de la marine de l'Etat (1). D'une manière plus générale, le conseil des prises est incompétent pour connaître des difficultés relatives aux mesures que l'autorité maritime pourrait prendre dans le but d'assurer l'exécution des jugements du conseil des prises. Dans une semblable hypothèse le ministre de la marine statuerait et sa décision pourrait faire l'objet d'un recours contentieux au Conseil d'Etat (2). Cette décision du ministre de la marine intervient sur la liquidation des prises faites par les bâtiments de l'Etat, une fois que cette liquidation a été opérée par les soins du conseil d'administration des ports.

A fortiori, il est évident que le conseil des prises est incompétent pour apprécier la conduite d'un officier de marine (3). De même, le conseil des prises est encore incompétent pour connaître des contestations qui, une fois rendue sa décision, peuvent s'élever entre les divers ayants-droit : par exemple, s'il s'élevait une contestation entre ceux qui ont droit à la restitution et les assureurs de ces ayants-droit, les tribunaux judiciaires seraient compétents (4).

Enfin la compétence de la juridiction des prises ne peut s'étendre aux questions d'ordre politique que les prises pourraient faire naître. Le gouvernement, et lui seul, a autorité pour prendre à cet égard, une décision.

Dans cet ordre d'idées, le Conseil d'Etat a décidé que le décret du 29 mars 1865, règlant les conditions sous lesquelles devait avoir lieu la restitution des navires mexicains ou de leurs chargements, était un acte de souveraineté pris dans

1. Cons. des Prises, 20 juill. 1889 (*Le Parseval, La Trombe, Le Léopard, La Massue, Le Pluvier*); — *Rec. Cons. d'Etat*, 1889, p. 1233, et suiv.

2. Laferrière, t. 2, p. 70. — Cons. d'Etat, 11 avril 1873, D. P. 76. 3. 36.

3. V. circulaire du Ministre de la Marine, 15 juin 1893.

4. Cons. d'Etat, 8 mai 1893, *La Massue*.

l'exercice du pouvoir qui appartient au chef de l'Etat de régler les conséquences du droit de guerre en ce qui touche les captures faites en mer (1). Le Conseil d'Etat en a tiré cette conséquence qu'un tel acte n'était susceptible ni d'un recours contentieux proprement dit au conseil d'Etat, ni d'un recours pour excès de pouvoirs.

Section II

Compétence « ratione loci ».

Il est aujourd'hui unanimement admis que, en matière de prises, la juridiction compétente pour statuer sur la validité de celles-ci est le souverain de l'Etat capteur (2) ; ce souverain exerce son droit, soit par lui-même, soit par voie de délégation. En France, c'est le conseil des prises qui actuellement a la mission de statuer. Quelle est la justification de cette règle ? On a voulu voir là l'application du principe du droit civil d'après lequel le demandeur (ici le capturé) porte son action devant le tribunal du défendeur (ici le capteur). On appliquerait, en somme, la règle : *actor sequitur forum rei* (3).

Dans une seconde opinion, qui nous semble préférable, on invoque cette considération que, d'après le droit de la guerre

1. Cons. d'Etat, 30 mars 1867.
2. Calvo, t. 5, n. 3036 ; — Bluntschli, règle 842 ; — Heffter-Geffcken, n. 172 ; de Bœck, n. 331 à 357.
3. Cauchy, *Le Droit maritime international considéré dans ses origines*, t. I, p. 66.

le vaincu doit subir la juridiction du vainqueur. On ajoute, en ce sens, que la responsabilité de la prise et de la décision qui intervient relativement à celle-ci, doit incomber au gouvernement du pays auquel appartient le navire capteur, bien qu'il soit, dans une certaine limite, juge et partie. Si une juridiction autre que celle de cet Etat connaissait de la prise, comment cette responsabilité pourrait-elle être effective ? Et, d'ailleurs, qui assurerait l'exécution de la sentence rendue ? Et il doit en être ainsi, non seulement lorsque le navire saisi est ennemi, mais encore lorsqu'il est de nationalité neutre. Car lorsqu'un navire appartenant à un Etat neutre a agi de telle sorte qu'un navire de guerre d'un Etat belligérant ait cru devoir le saisir, c'est-à-dire lorsqu'un navire neutre a violé un blocus régulièrement établi ou transporté de la contrebande de guerre, il ne peut plus être regardé comme neutre, à raison même de l'acte hostile qu'il a commis vis-à-vis de l'Etat capteur ; il a fait cause commune avec un belligérant et doit être jugé d'après les règles applicables à ce dernier.

Il est, cependant, quelques hypothèses spéciales où l'attribution de la compétence à la juridiction des prises de l'Etat capteur peut faire difficulté. Il en sera notamment ainsi lorsque, un navire *neutre* ayant été saisi pour violation de blocus ou transport de contrebande de guerre, la prise se trouve amenée, par le capteur, dans un port neutre. Deux cas, alors, peuvent se présenter :

1° Le navire neutre capturé a été conduit dans un port neutre n'appartenant pas à l'Etat dont ce navire portait légitimement le pavillon. Dans ce cas, le souverain de l'Etat neutre auquel appartient le port où la prise a été conduite n'est pas compétent pour statuer sur la validité de la prise (1). Car le navire saisi, au moment où il entre dans le port neutre, est escorté

1. Bluntschli, règle 844.

par le vaisseau capteur ou, tout au moins, est commandé par un officier de ce vaisseau capteur ; en tous cas, il porte le pavillon de l'Etat belligérant, auquel appartient le vaisseau capteur.

D'autre part, le souverain de l'Etat dans lequel se trouve ce port neutre ne peut, semble-t-il, apprécier les actes du vaisseau de l'Etat belligérant capteur, alors que ces actes ont eu lieu en dehors de la juridiction de ce souverain. Ajoutons que ce souverain neutre a tout intérêt à agir ainsi ; car il ne s'exposera pas à une accusation de partialité ; il ne mécontentera aucun des belligérants en résolvant des questions de prises, que les nations en conflit apprécient souvent de façon diverse (1).

Mais les considérations qui précèdent perdent évidemment leur force lorsque la prise, conduite dans le port d'un Etat neutre, a été faite non dans la haute mer, mais dans les eaux territoriales de cet Etat neutre lui-même. Nous nous trouvons ici, en effet, en présence d'une atteinte grave apportée aux droits de souveraineté de cet Etat neutre; et comme la prise est conduite, par hypothèse, dans l'un de ses ports, il est équitable et rationnel de permettre au gouvernement de cet Etat de rendre sa liberté au navire capturé (2), et même de prendre contre le capteur les mesures qu'il jugera utiles pour assurer la répression de la violation que son territoire vient de subir (3).

2° Le capteur, que nous supposons toujours régulièrement investi du droit d'opérer des prises, a saisi en pleine mer un navire neutre et il conduit sa prise dans un port de l'Etat au-

1. Heffter-Geffcken, n° 138, note 6.

2. Le gouvernement n'a pas d'ailleurs à examiner la question de savoir si, dans les rapports du capteur et du capturé la saisie est valable.

3. Laferrière, t. 2, p. 55 ; Heffter-Geffcken, n° 171 ; Calvo, t. 5, n° 3038 ; Gessner, p. 368.

quel appartient ce navire neutre. Le souverain de cet Etat peut-il statuer sur la validité de la prise ? Cette question est controversée.

Dans un premier système on admet la compétence du souverain de l'Etat neutre ou des tribunaux de prises délégués par lui. Les arguments à l'appui de cette opinion ne sont pas sans valeur.

Le navire neutre capturé se trouve, en effet, dans le port de l'Etat neutre auquel, d'ailleurs, il se rattache en qualité de sujet :

« L'Etat neutre, dit Ortolan (1), n'exerce pas en cela une véritable juridiction des prises ; il ne prétend pas s'ériger en juge entre les belligérants et décider si leurs actes, quant à ce qui les concerne respectivement, sont légitimes ou illégitimes. Une violation de sa propre autorité, une lésion de ses propres intérêts qu'il juge illégale a eu lieu ; les circonstances mettent en son pouvoir le moyen de se faire justice et il le fait : toujours d'après le même principe que, n'ayant pas de juge supérieur dont il soit forcé de reconnaître le pouvoir, il est autorisé à maintenir et à apprécier lui-même son droit ».

Cependant, contrairement à l'opinion qui précède, nous croyons avec la majorité des auteurs, que « la puissance neutre ne peut pas, parce qu'elle donne asile au capteur et au capturé qui est sien, usurper le droit de juger de la validité de la prise, ce droit appartenant exclusivement, en vertu du droit de guerre, au gouvernement au nom duquel la capture a été faite (2) ». Si, en effet, la saisie a été opérée injustement, le tribunal du capteur prononcera l'invalidité de la prise ; — si, au contraire, la saisie est juste, c'est-à-dire si le navire neutre

1. Ortolan. *Diplomatie de la mer*, t. II, p. 307, *adde* ; Hautefeuille *des droits et des devoirs des nations neutres*, t. IV, p. 388.

2. Pistoye et Duverdy, t. II, p. 186.

a réellement transporté de la contrebande de guerre, ou s'il a réellement violé les règles du droit des gens en matière de blocus, le souverain neutre, en ordonnant de relâcher le navire neutre capturé hors des eaux territoriales, violerait nettement les règles de la neutralité.

Section III

Appendice : Compétence à l'égard des pirates et des négriers.

Les navires montés par des pirates n'ont pas, on le sait, de nationalité au point de vue du droit des gens. En tout temps ils peuvent être saisis, et déclarés de bonne prise par la juridiction des prises de l'Etat du capteur.

Quant aux navires qui font la traite des nègres (1), ils exercent un commerce illicite au premier chef, mais ils ont un pavillon, une nationalité et ils ne peuvent être capturés que par les croiseurs de l'Etat auquel ils appartiennent. Des traités internationaux, il est vrai, pourraient formuler, sur ce dernier point, des règles différentes en permettant aux croiseurs des divers Etats co-contractants de saisir les navires qui, appartenant aux autres puissances cocontractantes se livreraient à la traite. Mais, même en admettant qu'il en soit ainsi, les négriers doivent toujours être jugés par les tribunaux de l'Etat auquel ils appartiennent.

1. Pistoye et Duverdy, t. II, p. 67 et suiv.

Section IV

De la compétence dans le temps.

Les tribunaux de prises sont compétents certainement pendant toute la durée de la guerre.

Mais la compétence des tribunaux de prises survit-elle à la cessation des hostilités et dans quelles limites ? Si les navires ennemis ne peuvent être capturés après la conclusion de la paix, en principe les prises faites antérieurement peuvent être jugées malgré la cessation des hostilités (1). Sur ce point, tout au moins depuis la guerre d'Italie de 1859, une nouvelle pratique s'est introduite. Les bâtiments et cargaisons capturés qui avant la signature du traité de paix, n'auraient pas fait l'objet d'une décision du conseil des prises, doivent être restitués (2). « Les bâtiments allemands qui étaient condamnés par le conseil des prises avant le 2 mars 1871 seront considérés comme condamnés définitivement. — Ceux qui n'auraient pas été condamnés à la date sus-indiquée seront rendus avec la cargaison en tant qu'elle existe encore. — Si la restitution des bâtiments et de la cargaison n'est plus possible, leur valeur fixée d'après le prix de la vente sera rendue à leurs propriétaires » (art. 13 du Traité de Francfort) : treize navires furent restitués en vertu des stipulations qui précédent.

D'ailleurs les navires saisis parce qu'ils ont tenté de violer un blocus ou parce qu'ils portaient à leur bord de la contrebande de guerre , sont souvent exceptés des restitutions ainsi ordonnées (Exemple : art. 4 décret du 29 mars-20 avril 1865).

1. Bluntschli, règle 723.

2. Art. 3 du traité de Zurich du 10 nov. 1859. Art. 13 du traité de Francfort du 10 mai 1871. La France a agi de même lors de la guerre du Mexique (Décret du 29 mars 1865. D. P. 65,4,21.

CHAPITRE IV

PROCÉDURE.

Section I

De la capture et des formalités qui l'accompagnent.

Supposons que, la France se trouvant en état de guerre, un croiseur français rencontre un navire marchand (1). Ce croiseur arbore alors le pavillon français et assure ses couleurs par un coup de canon à boulet perdu (2). — Ce coup de canon est dit *coup de semonce* ou *d'assurance*.

Dès que le coup de semonce est tiré, le navire semoncé est tenu, après avoir arboré son pavillon s'il ne l'avait pas déjà fait, d'amener ses voiles, de s'arrêter, et de laisser le croiseur exercer le droit de visite. — Le droit de visite « n'est pas un acte d'autorité ni de juridiction sur les neutres, mais un acte de simple précaution préventive fondé sur le droit de propre conservation (3) ».

Si le navire, ainsi sommé de s'arrêter, n'obéit pas à l'ordre

1. Bien que le droit de visite soit illimité quant aux parages, les instructions françaises du 25 juillet 1870 disposent ainsi : « Je vous recommande expressément de ne l'exercer que dans les parages et dans les circonstances où vous auriez des motifs fondés de supposer qu'il peut amener la saisie du bâtiment visité ».

2. Pistoye et Duverdy, t. 1, p. 235.

3. Ortolan, *Diplomatie de la mer*, liv. III. chap. 7. p. 251.

qu'il a reçu, il peut y être contraint (1). — D'ailleurs, lorsqu'un navire neutre fuit au coup de semonce, le croiseur peut bien l'arrêter pour le visiter, mais il ne peut le capturer quand sa neutralité est certaine. — S'il le capture, la prise doit être annulée avec dommages-intérêts (2).

Supposons donc que le navire s'arrête. Le croiseur procède alors à la visite (3). — Pour cela un officier du vaisseau de guerre visiteur se rend, avec deux ou trois hommes seulement, à bord du navire semoncé, et examine les papiers de bord, que lui remet le capitaine. On sait que tout navire doit être muni de papiers, dits papiers de bord, qui établissent péremptoirement sa nationalité ; et en principe le seul fait qu'un navire serait dépourvu de ces papiers légitimerait sa capture.

De deux choses l'une : 1° ou bien l'examen que fait, des papiers de bord, l'officier appartenant au navire visiteur établit la neutralité du navire semoncé, alors que rien n'autorise à croire que de la contrebande de guerre se trouve à bord du bâtiment, lequel, d'autre part, ne cherche pas à forcer un blocus régulièrement établi : dans ce cas l'officier consigne sa visite sur le registre du bord, se retire et le navire semoncé peut continuer sa route. 2° ou bien l'officier estime que l'on se trouve dans un des cas de prise que nous avons précédemment énumérés : le croiseur va devenir capteur. Quelles vont être, alors, ses obligations ?

Ces obligations sont indiquées dans l'arrêté du 2 prairial an XI, dans le décret du 15 août 1851 sur le service à bord des bâtiments de la flotte, et surtout par l'art. 15 des Instructions du

1. « Tout navire qui refusera d'amener ses voiles, après la semonce qui lui en aura été faite, pourra y être contraint ; et, en cas de résistance et de combat, il sera de bonne prise » (art. 57, arrêté du 2 prairial an XI).

2. Conseil d'Etat, 3 juillet 1816, Pistoye et Duverdy, t. 2. p. 99.

3. Pendant ce temps le croiseur se tient, autant que possible, à une portée de canon du navire visité.

Ministre de la Marine, en date du 25 juillet 1870. Résumons-les :

Le capteur doit :

1° Mettre sous scellés, après en avoir dressé inventaire, tous les papiers de bord, et cela en présence du capitaine du navire capturé (1).

2° Dresser : *a*) un procès-verbal de capture ; *b*) un inventaire sommaire du bâtiment capturé. Ces actes sont l'œuvre de l'officier d'administration du navire capteur ; ils sont dressés en présence de l'officier désigné pour commander la prise jusqu'à son arrivée en lieu sûr (2).

3° Dresser inventaire des objets appartenant aux officiers, à l'équipage et aux passagers (3).

4° Constater l'état du chargement et mettre les scellés sur les écoutilles de la cale, les coffres et les soutes, après en avoir préalablement extrait les vivres et l'eau nécessaires à la conduite de la prise (4).

5° Préposer à la direction du navire capturé un équipage spécial fourni par le navire capteur et chargé de la conduite de la prise en lieu sûr.

Les lettres officielles et particulières trouvées sur un bâtiment ennemi doivent être adressées sans délai au ministre de la marine (5). Ces lettres « peuvent contenir des renseignements politiques sur les mesures prises par l'ennemi, sur l'Etat de ses forces militaires ou navales. Il est utile alors au gouvernement, qui a la direction de la guerre, de con-

1. Art. 59, arrêté du 2 prairial an XI.
2. Art. 297 décret du 15 août 1851.
3. Art. 59 de l'arrêté du 2 prairial an XI ; — art. 293 du décret du 15 août 1851.
4. Art. 59, arrêté du 2 prairial.
5. Pistoye et Duverdy, t. 2, p. 258.

naître les détails politiques que les lettres trouvées sur les prises peuvent contenir (1). »

Nous devons signaler ici l'analogie qui existe entre les diverses formalités qui précèdent, et les formalités que, en droit privé français, doit, en rédigeant son procès-verbal de saisie, observer l'huissier de la partie saisissante.

Le but des formalités qui précèdent est de fournir des renseignements suffisants tant à ceux qui, nous le verrons, sont chargés, lors de l'arrivée au port, de procéder à l'instruction préparatoire, qu'à la juridiction des prises elle-même qui, ultérieurement, aura à statuer sur la validité de la capture. Quelle serait donc la sanction au cas où ces formalités préliminaires n'auraient pas été observées ? En principe, ce ne sera pas la nullité de la prise (2) ; pourvu que les documents versés aux débats, devant le conseil des prises, soient cependant assez précis, pour que les éléments d'appréciation permettent au conseil de se prononcer en connaissance de cause. C'est ainsi qu'il a été jugé que, s'il n'a été dressé ni procès-verbal de capture, ni état des pièces de bord ; si, en même temps, il n'a été procédé à aucun interrogatoire des prisonniers et si, enfin, il n'a été fait aucune déclaration régulière de capture, la prise est nulle (3). Quelquefois, tout en admettant la validité de la prise au cas où les formalités initiales n'ont pas été remplies, le conseil des prises a voulu, à titre de peine, priver de sa part de prise le commandant du bâtiment capteur (4). Mais ces décisions ont été annulées, en appel, par le conseil d'Etat, qui a estimé avec raison que le conseil

1. Art. 68, arrêté du 2 prairial an XI.

2. Cons. des Prises, 21 avril 1855 (D. P. 55. 2. 73) ; — 26 nov. 1887 (D. P. 88. 5. 394) ; — 8 fév. 1892, *La Massue* ; — Cons. des Prises, 30 juillet 1889, *Le Léopard*, *Rec. Cons. d'Etat*, 1889, p. 1235.

3. Cons. des Prises, 26 nov. 1887 ; — *Le Bateau-Feu*, *Rec. Cons. d'Etat*, 1887, p. 899.

4. Cons. des Prises, 8 fév. 1892 ; — *La Massue*.

des prises n'avait pas compétence pour apprécier la conduite d'un officier de marine et pour le priver, par suite, de sa part de prise.

Section II

De la conduite de la prise (jusqu'à ce qu'elle soit en lieu sûr).

La prise faite, il faut la conduire au port, la mettre en sûreté. Le capteur, ou bien escorte sa prise, ou bien l'envoie dans un port français, sous les ordres d'un officier, chef de prise : c'est l'amarinage de la prise.

L'arrêté de prairial contenait, sur ce point, beaucoup de règles, relatives surtout au cas de prises faites par les corsaires ; par suite de l'abolition de la course, beaucoup de ces règles sont abrogées.

Nous serons bref sur ce point.

L'art. 18 des Instructions françaises de 1870, trace au capteur la ligne de conduite suivante, en ce qui concerne la prise : « Vous conduirez la prise dans le port de France le plus rapproché, le plus accessible et le plus sûr, ou dans le port de la possession française la plus voisine ; mais si des circonstances de force majeure ne vous permettaient pas de conduire la prise en France ou dans une possession française, vous pourrez la conduire dans un port où se trouverait un consul de sa Majesté, avec lequel vous vous concerterez sur la destination ultérieure de la prise. »

Les prises ne peuvent entrer dans les ports neutres que pour se ravitailler ou réparer des avaries, et cela dans le cas de force majeure. Elles n'y séjournent que le temps nécessaire à ces opérations. Il est évident, en effet, que le capteur ne pourrait conduire sa prise dans un port neutre, l'y laisser, puis repartir à la recherche de nouvelles prises, faisant ainsi du port neutre la base de ses opérations de guerre (1).

Les prises naviguent avec le pavillon et la flamme, insignes des bâtiments de l'Etat (2).

D'assez nombreux incidents peuvent survenir au cours de la conduite. Indiquons-les, car ou bien le conseil des prises doit les prendre en considération ; ou bien, dans tous les cas, ces incidents peuvent donner lieu, dans la suite, à des contestations qu'il faudra règler par la voie contentieuse.

Incidents de la conduite.

Il peut d'abord arriver que le capteur manque de charbon ou de munitions. Dans ce cas il a la faculté d'utiliser les munitions et le charbon qui se trouvent à bord de la prise ; mais il doit être dressé un inventaire des choses ainsi distraites du chargement capturé ; cet inventaire servira, ultérieurement, de base au compte à intervenir entre l'Etat et les ayants-droit (3). Il y a là une sorte de *préemption.*

L'*emploi* de la prise est également possible : le capteur utilisera le navire pour les transports de dépêches, de troupes, avant comme après l'arrivée en lieu sûr, mais à charge d'estimer provisoirement la prise dans un procès-verbal rédigé par une commission composée de trois officiers supérieurs, dont un membre du commissariat (4).

Perte par cas fortuit. Si une prise est perdue par cas for-

1. Calvo, t. 5, n. 3019.
2. Art. 13, Des instructions complémentaires de 1870.
3. Bluntschli, règle 773 ; — Barboux, p. 125 et 128 ; — De Bœck, p. 280.
4. Art. 20, Instr. françaises, du 25 juillet 1870.

tuit ou fortune de mer, avant d'arriver en lieu sûr, le capteur constate le fait et aucune indemnité n'est due alors, ni pour le navire, ni pour la cargaison, même si la prise était nulle (1).

Rançon. L'abolition de la course a fait perdre à cet incident son ancienne importance. En 1870, l'art. 17 des Instructions françaises du 25 juillet ne permet aux vaisseaux de guerre de consentir des traités de rançon que s'il y a force majeure. D'ailleurs la rançon, en réalité, est une prise et, comme telle, elle doit être appréciée par le conseil des prises (2).

Destruction. En cas de nécessité, c'est-à-dire si la conduite normale de la prise compromet la sécurité du capteur ou le succès de ses opérations ultérieures, la prise peut être détruite (3), mais alors les papiers de bord et autres éléments nécessaires pour permettre le jugement de la prise détruite doivent être conservés ; de même l'équipage du navire détruit doit être recueilli, avec tous ses effets, à bord du capteur. Il en a été ainsi le 21 octobre 1870, lors de la prise du brick allemand le *Vorwaerts* par le bâtiment français le *Desaix* (4). Signalons encore la reprise comme un incident encore possible de la conduite.

Nous supposerons, dans ce qui va suivre, que la prise a été conduite en lieu sûr.

Section III.

Formalités préliminaires en arrivant au port.

Le capteur s'il escorte sa prise, ou, dans le cas contraire,

1. Art. 19, Instructions complémentaires françaises de 1870.
2. Calvo, t. 4, n. 2422 et suiv.
3. Art. 20, Instr. fr. complémentairess de 1870; — Fiore, t. 3, n. 1655 ; — Perels, p. 334.
4. De Bœck, p. 147 et 148.

l'officier conducteur de la prise doit, dès son arrivée au port de destination ou de relâche, déclarer la prise et remettre à l'autorité maritime ou consulaire : 1) son rapport de traversée ; — 2) le procès-verbal de capture et d'apposition des scellés ; — 3) l'inventaire de la cargaison ; — 4) les pièces et papiers de bord de toute nature (1).

Une fois que la prise a été ainsi remise à l'autorité publique française, la responsabilité du conducteur de la prise prend fin. L'instruction préparatoire peut alors commencer.

Ajoutons que le seul défaut de déclaration de capture n'entraîne pas, comme sanction, la nullité de la prise (2).

Section IV.

Instruction préparatoire (au port d'amarinage).

Nous supposons maintenant que la prise soit arrivée dans un port tel que la capture soit définitivement en lieu sûr.

L'instruction préparatoire joue, dans la procédure relative aux prises, un rôle considérable ; c'est elle, en effet, qui fournit au Conseil des Prises, les éléments de la décision à intervenir. Elle porte, d'une manière générale, sur les circonstances de la capture.

Nous avons vu plus haut, dans notre exposé historique, ce qu'était, dans notre ancienne jurisprudence, l'instruction préparatoire. Rappelons seulement les dispositions suivantes de la grande ordonnance de 1681 :

1. Art. 15, Instr. fr. complémentaires de 1870 ; — Art. 21, ordonnance de 1681 ; — Art. 66, arrêté du 2 prairial.
2. Conseil des Prises, 8 fév. 1892, *la Massue*.

« Après la déclaration reçue, les officiers de l'Amirauté se transporteront incessamment sur le vaisseau pris, et dresseront procès-verbal » (1).

« Les officiers de l'amirauté entendront, sur le fait de la prise, le maître ou commandant du vaisseau pris et les principaux de son équipage, même quelques officiers et matelots du vaisseau preneur, s'il est besoin » (2).

Sous l'empire des lois de 1791 et 1793, qui confiaient aux juridictions consulaires l'examen de la validité des prises, les juges de paix étaient chargés de l'instruction préparatoire ; nous avons dit plus haut que le pouvoir judiciaire n'avait pas été investi pendant longtemps de cette compétence spéciale.

Aujourd'hui l'arrêté du 2 prairial an XI régit les formes de l'instruction préparatoire.

C'est l'officier d'administration de la marine du port où la prise est conduite qui procède aux diverses opérations de l'instruction préparatoire. Cet officier est saisi par l'envoi, à lui adressé, du rapport sur la prise, rapport rédigé par le commandant du croiseur capteur. D'autre part, le préposé des douanes assiste à ces opérations (3).

Il en est du moins ainsi lorsque la prise est conduite dans un port français.

Quant aux prises qui seraient conduites, en relâche forcée, dans les ports neutres, les consuls français existant dans ces ports peuvent procéder à l'instruction préparatoire.

Quelles en sont les formalités ?

1. Art. 22, ordonnance de 1681.
2. Art. 24, ordonnance de 1681.
3. Art. 69 et 78, arrêté du 2 prairial an XI.

§ 1. — OPÉRATIONS DE L'INSTRUCTION PRÉPARATOIRE.

A. — La première des opérations de l'instruction préparatoire est la vérification des scellés qui ont, au moment de la prise, été apposés par le capteur (1).

B. — Une fois les scellés vérifiés, vient la réception et l'affirmation des rapports, et la déclaration de l'officier conducteur de la prise (2).

C. — Une troisième formalité, usitée depuis une époque très reculée, puisqu'on la rencontre déjà dans l'article 4 de l'ordonnance de 1373 (1400) est l'interrogatoire du capitaine et de l'équipage capturés. Trois prisonniers au moins doivent être ainsi interrogés (3). Au cours de cet interrogatoire des récriminations peuvent se produire contre la conduite qu'a pu tenir le capteur au moment de la prise ; l'interrogatoire des capteurs eux-mêmes est, alors, évidemment nécessaire ; nous dirons plus loin quelle serait la sanction du défaut d'un semblable interrogatoire.

D. — L'instruction préparatoire se termine par la vérification de l'inventaire des pièces de bord qu'a dû dresser le capteur au moment de la prise, et dans le dépouillement de ces pièces. Les papiers de bord sont traduits, s'il y a lieu, par les soins de l'officier d'administration de la marine, chargé de l'instruction préparatoire (4).

Les formalités qui précèdent se caractérisent en ceci : c'est qu'elles ne sont pas contradictoires (5).

1. Art. 69 et suiv., arrêté du 2 prairial an XI ; Pistoye et Duverdy, t. 2, p. 212.
2. Art. 73, arrêté de prairial.
3. Art. 73, arrêté de prairial.
4. Art. 78, arrêté de prairial.
5. De même qu'aujourd'hui, en France, en matière pénale. Certains pays ont cependant tendance à donner à l'instruction préparatoire le caractère d'une instruction contradictoire.

§ 2. — Quelle est la sanction au cas où les formalités de l'instruction préparatoire n'ont pas été remplies ? Il faut distinguer :

1° Si le Conseil des Prises n'a pas d'autres documents qui, versés aux débats, lui permettent d'examiner en connaissance de cause les circonstances de la prise, il devra en prononcer l'invalidité. C'est ainsi que, le 26 mars 1817, le Conseil d'État a décidé qu'à défaut d'instruction dans le port où la prise a été conduite, et aussi à défaut de la représentation de papiers de bord, qui, permettent de constater si la prise est valable, il n'y a pas lieu d'adjuger la prise au capteur (1).

2° Mais si, au contraire, malgré le non-accomplissement de formalités de l'instruction préparatoire, le Conseil des Prises est saisi de documents suffisants pour éclairer sa religion, il pourra statuer sur la question de validité. Par exemple, lorsque les capteurs ne produisent pas les papiers de la prise, on doit néanmoins juger celle-ci ; et on peut, pour y arriver, s'appuyer sur tous autres renseignements (2). De même si les passagers n'ont pas été interrogés, non plus que l'équipage du navire capteur, ces irrégularités de procédure ne peuvent empêcher la prise d'être déclarée valable (3).

Les décisions récentes rendues en ce sens sont basées surtout sur ce que ces formalités de procédure sont accomplies par des fonctionnaires : la violation des formes ne peut donc être imputée aux équipages capteurs, ni à leurs officiers, lesquels ont toujours, par suite, droit à leur part de prise.

1. Cons. d'Et., 26 mars, 1817. Pistoye et Duverdy, t. 2, p. 195.

2. Cons. d'Et., 27 mai, 1816. (*la Réussite* contre *le San Bonaventure*), Pistoye et Duverdy, t. 2, p. 197.

3. Conseil des Prises, 26 nov. 1887. *Le Révolver ; la Lionne ; le Léopard, Rec. Cons. d'Ét.*, p. 895, 897, 900.

Section V.

Mesures provisoires pendant ou après l'Instruction préparatoire.

Lorsque la procédure d'instruction est terminée, les scellés sont levés et les marchandises sont déchargées et déposées en magasin (1). Au cours de l'instruction préparatoire ou lorsque celle-ci est terminée, il est souvent nécessaire de prendre, dans l'intérêt général, même dans celui du capturé, certaines mesures provisoires, et surtout conservatoires.

Ces mesures sont différentes suivant que la prise est évidemment ennemie ou qu'elle a été faite sous pavillon neutre.

1er *cas. La prise est évidemment ennemie.* — Distinguons : si les marchandises et objets divers qui se trouvaient sur le navire capturé sont susceptibles de détériorations, la vente immédiate doit avoir lieu, à la réquisition de l'officier d'administration ou des intéressés (2).

S'il n'y a pas de danger de détérioration, l'officier supérieur de la marine apprécie souverainement s'il y a lieu de vendre immédiatement ou de surseoir jusqu'à ce que le tribunal des prises ait statué.

2e *cas. La prise a été faite sous pavillon neutre*, elle n'est pas évidemment ennemie. La vente n'aura lieu obligatoirement que pour les marchandises et objets susceptibles de détérioration ; et une expertise devra déterminer quels sont ces objets et marchandises. Les marchandises non susceptibles de détérioration ne pourraient être vendues qu'avec le consentement du capitaine du navire capturé (3). Au cas où il se pro-

1. Art. 78, arrêté du 2 prairial an XI.
2. Art. 79, arrêté du 2 prairial an XI.
3. Art. 80, arrêté du 2 prairial an XI.

duirait des réclamations spéciales relatives à certains objets, l'officier d'administration pourrait délivrer ces effets aux réclamants, suivant estimation à dire d'experts ; à charge, par ces réclamants, de fournir bonne et suffisante caution (1).

Le produit des diverses ventes qui précèdent est provisoirement déposé à la caisse des Invalides de la marine (2).

Une fois terminée l'instruction préparatoire et une fois intervenues, s'il y a lieu, les mesures provisoires qui précèdent, commence alors véritablement le procès relatif à la validité de la prise.

SECTION VI.

De la manière dont s'engage l'instance.

La prise ou saisie n'est, on l'a vu, qu'une mesure provisoire (3). C'est le jugement qui attribuera la propriété au capteur, si la prise est validée.

Les pièces relatives à la prise sont, après l'instruction préparatoire, envoyées au ministre de la marine. — Le ministre de la marine fait déposer ces pièces au secrétariat du Conseil des Prises et saisit ainsi le conseil, de l'affaire sur laquelle il devra se prononcer (4). Rappelons qu'à ce moment, le gouvernement, par mesure politique, pourrait soustraire l'affaire à l'examen du conseil et libérer la prise.

1. Art. 81, arrêté du 2 prairial an XI. — Bulmerincq, R. D. I., 1878, p. 410, Pistoye et Duverdy, t. 2, p. 201 et suiv.
2. Art. 76, arrêté du 2 prairial an XI ; — Art. 15, arrêté du 6 germinal an VIII.
3. Calvo, t. 5, n. 3055. P. Fiore, t. 3, n. 1643.
4. Pistoye et Duverdy, II, p. 325.

SECTION VII.

Rôles respectifs des parties dans l'instance.

Le capteur joue le rôle de défendeur dans l'instance qui s'ouvre devant le conseil des prises. Ce rôle de défendeur, qui est ainsi attribué au capteur, donne à celui-ci un avantage considérable ; il n'a pas, en effet, la charge de la preuve (*onus probandi incumbit actori*). En d'autres termes, le capteur n'a pas à démontrer au Conseil des Prises que la capture par lui faite est légitime. En sorte que le capturé est dans la nécessité de démontrer que la prise est illégale, et qu'il ne se trouvait pas dans un des cas de prise précédemment énumérés. — Et, de même, au cas où des marchandises ont été saisies sous pavillon ennemi, c'est aux propriétaires de ces marchandises d'en démontrer la neutralité.

Cette situation si favorable faite au capteur dans l'instance qui s'engage sur la validité de la prise a bien souvent été l'objet des plus vives critiques. On a fait remarquer qu'il y avait ici une présomption de culpabilité contre le navire capturé, alors qu'il est légitime plutôt de présumer la non-culpabilité, jusqu'au moment où la culpabilité est démontrée. D'ailleurs, rien n'est plus dur que d'obliger quelqu'un à établir directement qu'une chose n'a pas eu lieu ou qu'une action n'a pas été commise » (1) ; les preuves négatives sont, on le sait, très difficiles à fournir.

« Ainsi les rôles renversés ; la marche de la preuve intervertie ; son administration arbitrairement limitée : voilà le spectacle qu'offre un procès de prises au XIXe siècle » (2).

1. Hübner, II, p. 82.
2. De Bœck, p. 381.

Cependant il convient de ne rien exagérer. — Si de semblables preuves sont en fait souvent difficiles à fournir, il ne faut pas dire qu'elles seront, ici, impossibles pour le capturé ; celui-ci pourra prouver l'illégalité de la saisie en démontrant au Conseil des Prises qu'il se trouvait, au momentde la prise, dans un cas tel que celle-ci n'eût pas dû avoir lieu. Cette preuve résultera, le plus souvent, de l'examen des papiers de bord : elle n'est donc pas impossible à faire. Mais il est certain que mettre à la charge du capturé la démonstration de l'illégalité de la prise est, pour ce dernier. une obligation quelquefois très lourde. Tout en regrettant qu'il en soit ainsi, ne peut-on pas trouver, dans des matières soulevant des difficultés assez analogues, des solutions semblables à celle, unanimement critiquée, qui donne au capteur, au saisissant, le rôle de défendeur ?

Plaçons-nous en matière de saisies ordinaires ; — quel est le rôle des parties ? lorsque par exemple dans une saisie-exécution (saisie de meubles corporels), la saisie a été faite sur les biens du débiteur. L'existence de la formule exécutoire au profit du créancier saisissant crée en faveur de ce dernier une sorte de présomption que la saisie est valablement faite, présomption qui lui assurera par la suite, si l'on veut attaquer la validité de cette saisie, le rôle de défendeur. En d'autres termes, dans la saisie mobilière ordinaire, le saisissant est défendeur et c'est en cette qualité évidemment avantageuse pour lui qu'il répondra aux attaques soit du saisi, soit des tiers ; le saisi agira contre lui en nullité de la saisie ; et d'autre part les tiers, par une demande en distraction, agiront contre lui pour revendiquer des biens qui leur appartiendraient et qui par suite auraient été indûment saisis.

Ces considérations peuvent être transportées dans la matière des prises : elles expliquent et justifient dans une certaine mesure les rôles respectifs des diverses parties qui peuvent figurer dans l'instance engagée : le capteur saisissant sera défendeur, le capturé sera contre lui demandeur en nullité de la saisie ; et de même les tiers intéressés pourront intenter contre lui des demandes en distraction ou en indemnités qui porteront ici le nom général de *réclamations*.

Cette répartition des rôles dans l'instance est donc en analogie avec les règles des saisies mobilières ordinaires.

Cela suppose, il est vrai, l'assimilation faite de la capture avec la saisie-exécution, laquelle nécessite avant tout une formule exécutoire ; — et il faut admettre que les ordres ou commissions donnés aux navires de guerre et aux corsaires valent formule exécutoire, permettant la mise sous main de justice avec la même énergie que pourrait le faire une formule exécutoire ordinaire.

L'armateur du navire capturé et toutes les autres personnes intéressées à la solution du litige relatif à la validité ou à la non validité de la prise sont censés représentés par le capitaine du navire saisi (1).

On applique donc ici cette règle du droit maritime que, en cours de voyage, le capitaine représente les chargeurs dans toutes les contestations qui peuvent intéresser la cargaison (2).

Cette règle, que le capitaine du navire capturé représente tous ceux qui ont intérêt à voir invalider la prise, entraîne cette conséquence importante : que le jugement que rendra le conseil des prises aura effet à l'égard de tous les intéressés ; par suite la décision du conseil des prises est insusceptible de tierce-opposition.

Devant le Conseil des Prises, l'Etat est représenté par le commissaire du gouvernement.

1. Laferrière, t. 2, p. 70.
2. Cons. d'Et. 1er mars 1856. *La Fulvia*, *Rec. cons. d'Et.* 1856, p. 522.

SECTION VIII.

Règles générales de la procédure en première instance.

Dans l'ancien droit, la procédure des prises était législativement réglée d'une manière excessivement minutieuse ; aujourd'hui on est tombé dans l'excès contraire. On a cependant pensé qu'il était essentiel de déterminer les délais et les formes dans lesquels les divers intéressés à la solution sur la prise doivent être mis en demeure de présenter au conseil leurs réclamations et les preuves à l'appui de celles-ci (1).

La procédure de l'instance a lieu par mémoires : elle est écrite (2). L'instruction devant le Conseil des Prises, est en somme assez rapide. Et il est évident qu'il doit en être ainsi, puisque, nous l'avons vu, l'instruction préparatoire faite au port où la prise a été conduite, a été, au contraire, très complète; en sorte que les pièces concernant cette instruction préparatoire et versées aux débats viennent compléter tout ce que l'instruction définitive devant le Conseil des Prises pourrait avoir d'insuffisant : « Les mémoires respectivement produits contiendront les raisonnements, les moyens de défense des parties ; c'est là l'instruction qu'il reste à faire devant le Conseil des Prises ; mais l'instruction fondamentale est faite dans le port où la prise a été conduite ; sauf au conseil d'ordonner telle mise en demeure ou telle instruction et information complémentaire. La demande en communication des pièces de l'instruction locale et la production des pièces et mémoires

1. Barboux, p. 45.
2. Art. 13, arrêté du 6 germinal an VIII ; art. 11. Décret du 18 juillet 1854.

pour ou contre la validité de la prise, sont faites par les parties ou par leurs défenseurs » (1).

D'ailleurs les mémoires qui sont produits devant le Conseil des Prises contiennent évidemment les moyens que les parties peuvent faire valoir à l'appui de leurs prétentions respectives.

Aux termes du décret du 9 mai-18 juin 1854, les avocats au Conseil d'Etat avaient seuls le droit de signer les mémoires et requêtes qui sont présentés au Conseil des Prises. De même, l'art. 7 du décret du 5 mai 1859, qui reproduisait d'ailleurs l'arrêté du 7 ventôse an XII donnait aux avocats au Conseil d'Etat le droit privatif de signer les mémoires et requêtes présentés au Conseil des Prises.

Mais le décret du 27 octobre 1870 (délégation de Tours) a apporté à la disposition qui précède une modification qui peut être considérée comme en constituant l'abrogation ; l'art. 3 dispose, en effet, que : « les parties auront le droit de signer les mémoires et requêtes qui seront présentés au Conseil des prises ». Les parties elles-mêmes peuvent donc, d'après cet article du décret de 1870, présenter elles-mêmes leur défense, aujourd'hui donc, devant le conseil des Prises, les parties ont la faculté de signer elles-mêmes leurs requêtes et mémoires ; si elles le préfèrent, ces diverses pièces seront signées par des avocats au conseil d'Etat.

Si le Conseil des prises ne se trouve pas suffisamment éclairé, il peut ordonner une instruction complémentaire sur les circonstances de la capture.

Ajoutons que l'article 9 du décret de 1854 dispose que les agents consulaires étrangers peuvent présenter au conseil des prises toutes les observations qu'ils jugent convenables dans

1. Pistoye et Duverdy, t. 2, p. 325.

l'intérêt de leurs nationaux ; mais seulement par l'intermédiaire du commissaire du gouvernement.

Les séances ne sont pas publiques (1).

En résumé, la procédure observée devant le conseil des prises est assez analogue à celle suivie, en matière administrative, devant la section du contentieux du Conseil d'Etat. Notons ici que, en général, dans les affaires contentieuses ordinaires, le ministère public, lorsqu'il a à conclure ou croit devoir le faire, donne des conclusions orales. Par exception, devant le conseil des Prises, le commissaire du gouvernement conclut par écrit (2).

Dans quel *délai* l'instruction doit-elle être terminée et la décision rendue sur la validité ou la non validité de la prise ? Il faut, pour répondre à cette question, distinguer avec l'article **13** de l'arrêté de germinal an VIII : Pour les prises conduites dans un des ports de la Méditerranée, le délai est de trois mois ; le délai est de deux mois pour les prises conduites dans un autre port de France. Le point de départ du délai est le jour où les pièces ont été déposées au secrétariat du conseil des prises.

Mais cette règle est susceptible d'un tempérament en ce qui concerne tout au moins les cargaisons saisies. Il est, en effet, possible que les propriétaires de ces marchandises aient besoin d'un délai plus long, pour justifier de leur qualité de citoyens neutres. Le Conseil des prises a, dans ce cas, la faculté de surseoir à statuer sur la validité de la capture de la cargaison (3).

1. Décret du 9 mai 1859.
2. Règlement intérieur du conseil, du 4 juin 1859.
3. Cons. des Prises de Paris, 31 déc. 1870, *le Paul-Auguste*, D. P. 72, 3, 89.

Inversement, le conseil des Prises pourrait abréger le délai de trois ou deux mois dont il est question plus haut. « Il résulte, dit Portalis sur les dispositions de l'article **13** précité (1), des termes de cette disposition réglementaire, qu'il s'agit des délais pour les causes dont l'instruction est à faire, et non pour celles dont l'instruction serait déjà complète. L'arrêté, en disant que les délais de l'instruction ne pourront excéder deux au trois mois, suppose que ces délais peuvent être moindres dans toutes les contestations. Quand un réglement permet d'abréger des délais, cette abréviation est abandonnée à l'équité et à la clémence du juge. Celui-ci demeure donc arbitre des limites qu'il est utile de prescrire aux longueurs et aux délais, sans cela interminables de la défense. »

Mais si les délais sont abrégés par une décision préliminaire et spéciale émanée du Conseil des prises, il importe que les intéressés soient informés de cette circonstance, afin qu'ils puissent former toutes réclamations dans les délais qui, plus brefs, leur sont impartis. En sorte que la partie qui aura obtenu la décision abrégeant les délais devra signifier celles-ci aux parties adverses. Au cas particulier où une prise aurait été conduite dans un port situé hors de France, quel est le délai dans lequel doit avoir lieu l'instruction des prises ? Le conseil des Prises, sur ce point, et à défaut de textes impératifs, le fixe souverainement. Mais il prend toutes dispositions pour que les réclamations des intéressés puissent être formulées en temps utile. C'est ainsi qu'en 1870, le conseil provisoire des prises a pris les mesures suivantes : 1° un avis était inséré au *Moniteur* ; 2° une notification, par voie administrative, était faite aux capitaines prisonniers en France. Le conseil, enfin, « s'est constamment préoccupé de la nécessité de laisser aux parties un temps vraiment suffisant pour produire

1. Cons. des Prises, conclusions, 3 prairial an VIII. — Barboux, p. 47 et suiv.

leurs réclamations. Mais cette incertitude et le luxe de précautions qu'elle entraîne, montrent mieux encore combien serait préférable une disposition législative » (1).

Section IX.

D'après quelles règles générales de droit, le conseil des Prises doit-il se décider.

D'après quels principes généraux le conseil des Prises doit-il se guider pour apprécier la validité de la capture ?

Ici nous pouvons formuler deux règles :

1° Le conseil des prises doit statuer d'après les principes généraux du droit international. « Il faut, par conséquent, qu'il consulte les lois spéciales et les stipulations conventionnelles en vigueur entre l'Etat du capteur et celui du capturé. Lorsque ces éléments font défaut, il ne peut prendre pour base de son jugement que les préceptes du droit international commun et les inspirations de la saine équité (2) ».

2° Le conseil des prises est tenu de statuer en se conformant aux règles générales que pose presque toujours, au début de chaque guerre, le gouvernement. De semblables règles ont été, notamment, posées avec le plus grand soin par le gouvernement français, lors de la guerre de 1870.

Le plus souvent, en appliquant les deux séries de principes formulés ci-dessus, le conseil des prises arrivera facilement à baser, d'une façon juridique, sa décision. Mais que devons-nous décider au cas où il y aurait antinomie entre les règles

1. Barboux, p. 50.
2. Calvo, t. 5, 309.

du droit international et celles formulées au début d'une guerre, par le gouvernement ? Quels seraient les principes, par hypothèse contradictoires,que le Conseil des Prises devrait alors appliquer ?

D'après nous, les juridictions de prises se décideront et doivent se décider avant tout d'après les règles contenues dans les lois nationales et dans les instructions qui, émanant du gouvernement qui les a instituées, ont été formulées au début de la guerre.

En effet, dans l'état actuel de la législation des prises,étant donné que l'organisation des juridictions est exclusivement nationale, et que le tribunal reçoit, de l'État dont il relève, son investiture, il nous semble que ce tribunal ne peut se soustraire aux lois du pays qui l'investit, et s'élever au-dessus de celles-ci. Il ne saurait pas plus agir ainsi que ne pourrait le faire un tribunal ordinaire qui aurait à appliquer des règles nationales certaines, promulguées, à une contestation dans laquelle des étrangers seraient intéressés.

Ajoutons que la décision du tribunal des prises, rendue d'après les instructions gouvernementales, peut faire l'objet de réclamations de la part des autres États : il est donc juste que l'État auquel appartient le tribunal de prises fixe les règles à observer, puisqu'il doit assumer la responsabilité de la décision rendue.

Beaucoup d'auteurs, reconnaissant aux tribunaux de prises un caractère international, concluent dans un sens opposé au nôtre. Mais après avoir proclamé que les principes du droit des gens devraient l'emporter, ils reconnaissent que : « quoique la théorie du droit public considère les tribunaux de prises établis par le pays belligérant, et siégeant dans ce pays, exactement comme s'ils étaient établis par le pays neutre, siégeaient dans le pays neutre et jugeaient toujours conformément au droit international commun à chacun d'eux, on sait fort bien cependant que, dans la pratique, ces tribunaux prennent pour guide les ordonnances sur les prises et les instructions émanées du souverain belligérant sans s'inquiéter si elles s'accordent avec la règle suprême (1). »

Quoi qu'il en soit, le conseil des prises doit se décider, d'après les règles du droit, sans se préoccuper des *actes* de l'administration, intervenus antérieurement à sa décision, relativement à la prise ; ces actes ne lient pas le conseil (2).

Section X

Du débat relatif au navire capturé.

Abstraction faite des cas de blocus et de contrebande de guerre dont il sera parlé plus loin, la preuve que le capturé doit fournir, à l'appui de sa demande en nullité de la prise, consiste à établir que le navire saisi n'est pas ennemi, qu'il n'a pas le *caractère hostile*.

Ainsi, tout d'abord, le capturé doit établir la nationalité neutre du navire. Il doit pour cela prouver : 1) que le navire a un droit légitime à un pavillon neutre : 2) qu'il appartient à un neutre. Reprenons ces deux points.

1° *Droit au pavillon.* — Il est évident, tout d'abord, que les navires marchands sont capturés par ce seul fait qu'ils portent pavillon ennemi. Lorsqu'un croiseur rencontre un semblable navire, il opère valablement la capture.

Supposons maintenant qu'un navire soit rencontré alors qu'il navigue sous pavillon neutre.

1. Wheaton, *Elém. Dr. int.* II, p. 56, Bluntschli, § 847.
2. Cons. des prises, 29 déc. 1870, *La Ghérardine*, Barboux p. 60.

D'après les Instructions françaises de 1870 « la nationalité des bâtiments ne dérive pas seulement de la nationalité de leurs propriétaires, mais encore de leur droit légitime au pavillon qui les couvre (1). Donc pour que la prise du navire capturé ne soit pas validée, il faut qu'il soit démontré que ce navire appartient à un neutre et qu'il a le droit de naviguer sous pavillon neutre. D'une manière générale, à quelles conditions les navires marchands ont-ils le droit d'arborer le pavillon d'un État déterminé ? A quelles conditions, par suite, est subordonnée la nationalité des navires de commerce qui se réclament de cet Etat ? Les lois et statuts de chaque pays contiennent ici les diverses règles qui permettront à la juridiction des prises de se prononcer en connaissance de cause, et si ce point fait difficulté, la loi étrangère devra toujours être appliquée (2).

Il est possible qu'un navire marchand ait le droit de porter légitimement le pavillon d'un Etat, alors que son propriétaire est étranger à cet Etat. C'est ainsi qu'en Colombie un navire de commerce, monté par des étrangers, peut cependant naviguer sous le pavillon colombien. Si donc nous admettons que le conseil des prises ait le devoir d'examiner à la fois la nationalité du propriétaire et le droit légitime au pavillon, un navire de commerce appartenant à un sujet d'un Etat en guerre avec la France devrait être déclaré de bonne prise, bien que portant le pavillon colombien et ayant légitimement le droit de porter ce pavillon, alors que, par hypothèse, la Colombie est neutre dans la guerre maritime supposée.

Inversement la preuve de la nationalité ne serait pas faite et la prise serait validée, si, le propriétaire du navire étant

1. Art. 10, Instructions françaises, 25 juillet 1870.
2. Barboux, p. 69.

certainement de nationalité neutre, le navire naviguait sous pavillon ennemi, avec un passeport ou une licence émanant de l'Etat ennemi.

Cependant l'équité peut quelquefois faire fléchir la rigueur de ce dernier principe. La décision du Conseil d'Etat, en ce qui concerne le navire la *Palme*, en est un exemple frappant que nous empruntons à Bluntschli : « La Société protestante des Missions de Bâle était propriétaire d'un navire chargé d'entretenir des r elations avec les missions évangéliques de l'Afrique occidentale. La Confédération Suisse ayant interdit aux armateurs suisses d'arborer le pavillon fédéral, la société bâloise avait obtenu, après de longues négociations, l'autorisation de faire naviguer son navire sous pavillon hanovrien, puis, à partir de 1866, sous pavillon allemand, à la condition qu'un prête-nom allemand fût désigné comme propriétaire dans les registres du port de Brême. Ce navire, la *Palme*, était en mer au moment de la déclaration de guerre entre la France et l'Allemagne (19 juillet 1870), et le gouvernement français fut officiellement informé de l'Etat de choses. En janvier 1871, la *Palme* fut capturée dans la Manche et conduite à Dunkerque. Le commandant du port la relâcha sous caution. La question de la validité de la prise fut tranchée en faveur du capteur par le conseil des prises de Bordeaux. La Société bâloise des Missions interjeta appel devant le Conseil d'État français, et obtint gain de cause. La prise fut annulée par les motifs suivants : *a*) La Confédération suisse interdit d'arborer le pavillon suisse ; il y a donc pour les Suisses propriétaires de navire, force majeure, et obligation d'emprunter un pavillon étranger. *b*) L'équité exige qu'en dérogation aux principes des règlements français que le capteur doit tenir compte des seuls papiers de bord, les neutres soient autorisés à fournir les preuves de leur droit de propriété. *c*) Cette preuve ayant été fournie, et tous les soupçons de mauvaise foi étant écartés, la *Palme* est acquittée (1). »

2° *Propriété du navire.* — Un navire est ennemi quand il appartient à un propriétaire ennemi. Le Conseil des Prises pourra donc avoir à apprécier si celui qui a prouvé son droit de propriété sur le navire saisi et qui réclame celui-ci est neutre ou belligérant. Est considéré ici comme propriétaire ennemi tout sujet de l'État ennemi, quel que soit son domicile. En d'autres termes le caractère, ennemi ou neutre, du propriétaire du navire, est déterminé non par le domicile, mais par la nationalité de ce propriétaire.

Mais il n'en sera ainsi que si cette nationalité n'est pas acquise par fraude, dans le seul but d'éviter des saisies éventuelles : *fraus omnia corrumpit.* Par exemple, le citoyen d'un État belligérant ne cesserait pas d'être considéré comme ennemi si, au début de la guerre, il se faisait naturaliser dans un pays neutre, afin de pouvoir, pendant la durée des hostilités, continuer ses opérations commerciales, sans courir le risque d'une saisie.

La législation française a même prévu ces fraudes possibles au début d'une guerre maritime. C'est ainsi qu'aux termes de l'art. 6 du règlement du 26 juillet 1778, on ne doit pas avoir égard « aux passeports accordés par les puissances neutres ou alliées, tant aux propriétaires qu'aux maîtres de bâtiments, sujets des États ennemis de Sa Majesté, s'ils n'ont été naturalisés ou s'ils n'ont transféré leur domicile dans les États des dites puissances, trois mois avant le 1er septembre de la présente année ; et ne pourront les dits propriétaires et maîtres de bâtiments, sujets des États ennemis, qui auront obtenu les

1. Bluntschli, *Dr. des gens mod.*, trad. Lardy, 2e édit., Paris, 1874, art. 695, note 2, p. 443-444. V. la décision du Cons. d'Etat dans Dalloz, 1872, 2, p. 74.

dites lettres de naturalité, jouir de leur effet si, depuis qu'elles ont été obtenues, ils sont retournés dans les États ennemis de sa Majesté pour y continuer leur commerce ».

Les Instructions françaises de 1870 sont conçues dans un sens plus libéral que cet article 6 de l'ordonnance de 1778. « Lorsqu'il résulte de l'examen des pièces de bord, portent-elles, que *depuis la déclaration de guerre*, la nationalité des propriétaires a été modifiée par naturalisation, il y a lieu de procéder avec la plus grande attention et de s'assurer que cette opération a été exécutée de bonne foi, et non dans le seul but de dissimuler une propriété réellement ennemie ».

Quoi qu'il en soit, le citoyen neutre qui fait le commerce en pays ennemi ne perd pas sa qualité de neutre (1). On le voit, on applique ainsi cette règle que la nationalité, et non le domicile, fixe le caractère hostile. Mais cette règle est loin d'être unanimement admise. Par exemple, en 1870, les Instructions françaises posèrent en principe que la nationalité des maisons de commerce devait se déterminer d'après le lieu où elles sont établies. Mais le Conseil des Prises ne voulut pas admettre, sur ce point, les Instructions ; — il décida, chaque fois que la question se posa devant lui, et cela conformément aux solutions données depuis le début du siècle par les juridictions françaises des prises, que la qualité d'ennemi résultait non de la résidence commerciale, mais de la nationalité du propriétaire de ce navire saisi. En résumé, pour apprécier la validité d'une prise, il importe d'examiner successivement les deux éléments qui viennent d'être étudiés : droit au pavillon, et nationalité du propriétaire.

Étant désormais connus les éléments constitutifs de la nationalité du navire, demandons-nous maintenant *comment*

1. Cons. des Prises, 13 fructidor an IX, *le Hardy* contre *la Voltigeante*, Pistoye et Duverdy, I, p. 321 et 327.

l'existence de ces éléments constitutifs pourra être prouvée devant le Conseil des Prises.

Nous pouvons ici formuler la règle suivante : les intéressés peuvent prouver leur « innocence » à l'aide des *papiers de bord*, et, en principe, uniquement (1) par ce moyen.

On sait, en effet, que tout navire doit avoir à bord un certain nombre de papiers en règle (2). Les papiers de bord sont indiqués par l'article 226, du Code de commerce ; le capitaine doit avoir à bord : 1° l'acte de propriété du navire ; — 2° l'acte de francisation ; — 3° le rôle d'équipage ; — 4° les connaissements et chartes-parties ; — 5° les procès-verbaux de visite ; — 6° les acquits de paiement, ou à caution des douanes.

D'autre part et d'après l'article 6 des Instructions ministérielles complémentaires de 1870, les principaux papiers de bord d'un navire peuvent se diviser en deux groupes :

1° L'acte de propriété, le congé ou passeport, et le rôle d'équipage, qui établissent *sa nationalité*.

2° Les connaissements, chartes-parties et factures, qui établissent *la nature et la nationalité du chargement* (3).

Tout navire qui n'a pas de papiers de bord (4) ou dont les papiers de bord constateront qu'il est de nationalité ennemie devra être définitivement condamné ; la réclamation du capturé, étant, par cela même, écartée. Cependant la prise d'un caboteur non muni de papiers de bord ne serait pas valable s'il

1. Cons. des Prises, 21 déc. 1870, *le Türner*, Barboux, p. 75. Cons. d'Ét., 12 mai 1855 (*l'Orione*) ; — 4 fév. 1860 (*le Genio speculatore*) ; 15 av. 1872 (*le Johannes*).

2. Art. 2 et 11 du Règlement du 26 juillet 1778. — Art. 10, Inst. françaises de 1870. Calvo, t. 4, n° 9335.

3. Les questions relatives à ce second groupe d'éléments de preuve seront étudiées plus loin.

4. Cons. des Prises, 26 nov. 1887. *Recueil Cons. d'Ét.*, 1887. p. 895 et suiv. ; — 2 juillet 1889, *la Trombe*, *Rec. Cons. d'Ét.*, 1889, p. 1234 ; — 8 fév. 1892, *le Pourier*, *Rec. Cons. d'Ét.*, 1892, p. 1017.

est d'usage chez la nation à laquelle il appartient que les caboteurs n'aient pas de papiers de bord (1). D'autre part, l'absence d'un document, même important, n'entraîne pas fatalement la condamnation du navire, pourvu que la nationalité neutre soit péremptoirement prouvée par les autres pièces de bord (2).

Par exemple, nous le savons, le jet de papiers à la mer, au moment de la visite, entraîne la saisie du navire. Mais, dans cette hypothèse, le conseil des prises doit-il condamner ce navire, alors qu'il reste à bord assez de papiers pour justifier, d'une façon péremptoire de sa neutralité ? L'article 3 du règlement de 1778 répondait affirmativement sur ce point : mais le contraire a été plusieurs fois jugé, en conformité d'ailleurs avec les termes d'une lettre de Louis XVI à l'Amiral de France, en date du 13 nov. 1779 (3) cette lettre laisse aux juridictions de prises toute liberté d'appréciation sur ce point (4).

La pratique actuelle a été résumée en 1870, dans les Instructions complémentaires, article 6, qui, on l'a dit, traçant la conduite du capteur, indiquent, par suite, aux juridictions de prises, tout au moins dans une certaine mesure, les règles qui doivent les guider : Il suffit qu'une des pièces de bord « établisse d'une manière certaine la neutralité du navire pour que celui-ci soit exempt de capture, à moins cependant qu'il n'y ait contradiction entre la dite pièce et quelque autre document trouvé à bord. « D'autre part, l'absence d'une des pièces ci-dessus indiquées ne justifierait pas par elle seule la capture, si d'ailleurs l'ensemble des autres pièces prouvait bien authentiquement la neutralité du navire et la régularité de l'expédition. Mais il y aurait lieu de capturer le navire sur le-

1. Cons. d'Ét., 3 déc. 1828. Pistoye et Duverdy, p. 423.
2. Calvo, t. 4, n. 2365.
3. Pistoye et Duverdy, t. 2, p. 70 et suiv.
4. En ce sens : Cons. des Prises, 7 ventôse an IX. Pistoye, t. 2, p. 78.

quel on trouverait des expéditions doubles,qui laisseraient des doutes sur sa nationalité ou sa destination ».

Les pièces de bord font pleine foi contre le capturé ; leurs énonciations ne peuvent être combattues au moyen de la preuve contraire.

Inversement les papiers de bord font-ils, d'une manière absolue, preuve en faveur du capturé ? La négative est certaine, autrement toutes les fraudes seraient possibles. Il ne suffit pas que les papiers de bord soient en règle en apparence : il faut encore qu'ils le soient en réalité.

Par exemple si un navire justifie de sa neutralité par des pièces de bord régulières, il peut, cependant, être déclaré de bonne prise, s'il appert d'autres papiers trouvés à bord, que ce navire est, en réalité, ennemi (1).

De même lorsqu'il résulte de l'interrogatoire du capitaine du bâtiment capturé et de son équipage que ce bâtiment est ennemi, cet interrogatoire l'emporte sur les pièces de bord dont on s'est muni pour échapper aux croiseurs et corsaires (2).

L'interrogatoire des capturés, dans l'instruction préparatoire, peut prévaloir sur les pièces de bord (3) : cette règle a été posée par l'arrêt du conseil du 26 octobre 1692.

Malgré ces restrictions, la force probante des papiers de bord reste presque absolue ; c'est ainsi qu'un rapport d'experts déclarant qu'un navire est ennemi ne saurait prévaloir contre les pièces de bord que le représentent comme neutre (4). De même des rapports d'experts qui établissent qu'une par-

1. Cons. des Prises, 17 brumaire an IX. *La Molly* contre *l'Eole*, Pistoye et Duverdy, t. I, p. 426 et suiv. ; — p. 429-432.

2. Cons. des Prises, 27 thermidor an IX. *Le Nancy* contre *l'Enjôleur*. Pistoye, p. 206 et suiv.

3. Pistoye et Duverdy, t. I, p. 424 ; — Cons. des Prises, 27 prairial et 27 thermidor an IX, Pistoye et Duverdy, ibid., p. 425.

4. Cons. des Prises, 19 messidor an VIII, *le Reysiger* contre *le Courageux*. Pistoye, I, p. 435 et suiv.

tie de la cargaison leur paraît ennemie, ne peuvent pas prévaloir contre des actes authentiques émanés de magistrats, et qui établissent la neutralité (1).

La composition de l'équipage *peut* encore fournir au conseil des prises, en ce qui concerne la nationalité du navire saisi, un élément d'appréciation. Mais la détermination du caractère hostile par l'examen du rôle d'équipage s'impose-t-elle au conseil avec la même force que celle qui résulte de la nationalité du propriétaire et de la légitimité du droit au pavillon? L'affirmative semble résulter des termes mêmes de l'article 9 du règlement de 1778, qui dispose ainsi : « Seront de bonne prise tous les bâtiments étrangers sur lesquels il y aura un subrécargue marchand, commis ou officier-major d'un pays ennemi de Sa Majesté, ou dont l'équipage sera composé ; au-delà du tiers, de matelots sujets des États ennemis de Sa Majesté, ou qui n'auront pas à bord le rôle d'équipage arrêté par les officiers publics des lieux neutres d'où les bâtiments seront partis ».

Nous croyons au contraire, et malgré la disposition précédente, que le navire saisi doit être admis à faire la preuve de sa neutralité, même si l'équipage enfreint la règle précitée ; car celle-ci doit être entendue ainsi : qu'elle ne statue que pour les cas où la nationalité d'un navire serait douteuse ; en d'autres termes, au cas, mais au cas seulement, où la nationalité de ce navire ne serait pas prouvée par d'autres moyens, elle ne pourrait l'être au moyen du rôle d'équipage et de la composition de ce dernier qu'à de certaines conditions (2), et qu'il y aurait alors présomption que le navire est ennemi

1. Cons. des Prises, *le Gebruder* contre *l'Oiseau*. Pistoye et Duverdy, t. I, p. 433-435.

2. V. en ce sens les conclusions de Portalis, *le Pégou*, Pistoye et Duverdy, t. 2, p. 51-56.

lorsque les dispositions de l'article 9 du règlement de 1778 ne sont pas observées.

En tous cas, nous pensons que le défaut de désignation, dans le rôle d'équipage, des noms, origine et domicile des hommes qui le composent, n'autorise pas la confiscation d'un navire si ce rôle d'équipage a été arrêté suivant les lois du pays, et s'il résulte de l'interrogatoire de ces hommes qu'ils ne sont ni natifs, ni habitants d'un pays ennemi (1). Les tribunaux français ont quelquefois, d'ailleurs, validé des prises, par ce seul fait que le rôle d'équipage contenait des fraudes ou des inexactitudes (2).

En résumé il importe, quant à la preuve qui peut se dégager de l'examen du rôle d'équipage rapproché de l'interrogatoire des officiers et marins qui montent le navire saisi, de réserver au Conseil des Prises une assez grande latitude dans l'appréciation des circonstances (3).

Remarque. — Notons que si, d'une part, les papiers de bord établissaient, d'une manière certaine, que le navire capturé appartient à telle personne déterminée, et que si, d'autre part, une discussion s'élevait sur la nationalité de ce propriétaire, un délai serait accordé à celui-ci pour établir qu'il a bien droit à la nationalité dont il se réclame.

Pour résumer les développements qui précèdent, nous dirons : D'une manière générale le Conseil des Prises peut apprécier les diverses circonstances qui lui permettraient de prononcer la validité de la prise d'un navire neutre en apparence ; la nationalité ennemie du capitaine du navire capturé, les fraudes ou les irrégularités suspectes que relève l'examen

1. Trib. de cassation, 22 frimaire an VII et Cons. des Prises, 13 vendémiaire an X, Pistoye et Duverdy, t. I, p. 488.

2. Cons. des Prises, 23 nivôse an X. — Trib. de cassation, 24 vendémiaire an VIII et 1er brumaire an VII, etc.

3. V. en sens divers les décisions rapportées par Pistoye et Duverdy, t. 2, p. 47 et suiv.

du rôle d'équipage, le fait qu'il n'y a pas concordance entre la voie indiquée par le passe-port et le lieu de la saisie ; telles sont les principales circonstances qui ont le plus souvent motivé des jugements validant la capture. En sorte que, au point de vue de la preuve, d'autres éléments peuvent compléter ou corroborer les pièces de bord. Notamment la nationalité ennemie d'un navire peut être constatée : par le pavillon que portait le navire lors de la saisie, par la composition de l'équipage, et par l'aveu du capitaine (1).

Remarquons, en terminant sur ce point, qu'il ne s'est élevé, en 1870, ni contestations, ni doutes même sur la validité de la prise des navires capturés : « leurs pièces de bord étaient régulières ; elles indiquaient une nationalité ennemie, qui d'ailleurs n'était pas contestée par les capitaines » (2).

Section X *(Suite)*.

Navires de construction ennemie.

Une fraude se produit fréquemment au début des hostilités, ou pendant celles-ci, ou même lorsqu'une déclaration de guerre est imminente : un sujet d'un État belligérant vend son navire à un sujet d'un État neutre.

Le règlement du 26 juillet 1778, dans son article 7, a prévu cette hypothèse ; il dispose ainsi : « Les bâtiments de fabrique ennemie, ou qui auront eu un propriétaire ennemi, ne pourront être réputés neutres ou alliés, s'il n'est trouvé à bord quelques pièces authentiques passées devant les offi-

1. Cons. des Prises, 21 av. 1855, D. P. 1855, 3, 73.
2. Barboux, p. 69.

ciers publics qui puissent en assurer la date, et qui justifient que la vente ou cession en a été faite à quelqu'un des sujets des puissances alliées ou neutres, avant le commencement des hostilités, et si ledit acte translatif de propriété de l'ennemi, au sujet neutre ou allié, n'a été dûment enregistré par devant le principal officier du lieu de départ, et signé du propriétaire ou du porteur de ses pouvoirs. »

Et l'article 8 continue : « A l'égard des bâtiments de fabrique ennemie qui auront été pris par les vaisseaux de Sa Majesté, ceux de ses alliés ou de ses sujets, pendant la guerre, et qui auront ensuite été vendus aux sujets des États alliés ou neutres, ils ne pourront être réputés de bonne prise s'il se trouve à bord des actes en bonne forme, passés par devant les officiers publics à ce préposés, justificatifs tant de la prise que de la vente ou adjudication qui en aurait été faite ensuite aux sujets desdits États alliés ou neutres, soit en France, soit dans les ports des États alliés ; faute desquelles pièces justificatives, tant de la prise que de la vente, lesdits bâtiments seront de bonne prise. » En sorte que, au cas de semblables ventes, la preuve de la neutralité ne peut résulter que d'actes français ou émanés de l'autorité publique des nations alliées de la France. Encore faut-il qu'ils se trouvent à bord, ainsi que l'exige l'article 8 (1). »

Une règle certaine se dégage de ce qui précède, règle que plusieurs auteurs estiment trop absolue : tout navire vendu à des neutres, depuis le commencement de la guerre est de bonne prise (2). Et l'on doit de même déclarer de bonne prise le navire de construction ennemie, dont le changement de propriété, que l'on prétend avoir été antérieur à la décla-

1. Pistoye et Duverdy, t. 2, p. 19.
2. Cons. des Prises, 29 fructidor an VIII. Pistoye et Duverdy, t. 2, p. 34 ; — id., 30 prairial an XIII. Pistoye et Duverdy, t. 2, p. 239.

ration de guerre, n'est pas prouvé par actes authentiques (1). Et il en serait de même pour le navire vendu à des neutres qui ne pourraient pas justifier, *par un acte présent à bord*, de la transmission de propriété, faite à leur profit antérieurement à la déclaration de guerre (2). Et cet acte devrait être revêtu de la forme authentique, ou avoir, tout au moins, date absolument certaine.

La rigueur des règles qui précède a été un peu atténuée au début de la guerre de 1870 par les Instructions ministérielles. « Lorsque, disent ces instructions, il résulte de l'examen des pièces de bord que depuis la déclaration de guerre la nationalité du navire antérieurement ennemi a été changée par une vente faite à des neutres, que celle des propriétaires a été modifiée par naturalisation, ou que l'équipage d'un bâtiment neutre comprend une proportion notable de sujets ennemis, il y a lieu de procéder avec la plus grande attention et de s'assurer que toutes ces opérations ont été exécutées de bonne foi et non dans le seul but de dissimuler une propriété réellement ennemie. »

En sorte que la construction ennemie étant établie contre le navire capturé, il s'agit, d'après les Instructions, pour ce navire capturé, de prouver seulement que la propriété est passée à des neutres dans des conditions telles qu'aucune fraude ne vienne vicier cette transmission de propriété : cette preuve faite, il semble bien que la prise, malgré la rigueur de l'ordonnance de 1778, devrait être invalidée.

1. Cons. des Prises, 25 nov. 1854, *la Christiane*, Cons. d'Ét., 18 août 1807. Pistoye et Duverdy, t. 2, p, 9 ; — Cons. des Prises, 17 floréal an IX, Pistoye, t. 2, p. 11.

2. Cons. des Prises, 13 janv. 1854, *l'Alexandre*. Cons. d'Ét., 23 juin 1855 ; *le Welzet* ; — 25 août 1855, *l'Alexandre Ier : Rec. Cons. d'Ét.*, 1855, p. 859 ; — 29 août 1855, *la Valentina, Rec. Cons. d'Ét.*, p. 890. Calvo, t. 4 n. 2328-2329.

Section X (*Suite*).

Revendication d'une partie du navire ; ou d'une hypothèque sur ce navire.

Les tiers intéressés peuvent, au cours de l'instance en validité, intervenir soit en ce qui concerne la propriété du navire, soit, ainsi que nous le verrons plus loin, en ce qui concerne la propriété de la cargaison saisie. Occupons-nous d'abord des cas où les tiers interviennent quant au navire lui-même ; il en sera ainsi dans deux hypothèses principales : 1° un tiers, que nous supposons neutre, peut prétendre avoir, sur le navire capturé, un droit de copropriété. 2° Un tiers, que nous supposons neutre, peut prétendre avoir sur le navire capturé un droit hypothécaire.

Remarquons que ces deux hypothèses sont sensiblement voisines, surtout si l'on admet la théorie qui considère l'hypothèque comme un démembrement de la propriété. Ajoutons de plus, que, dans les deux cas indiqués, l'intervention des tiers intéressés ressemble, par ses caractères juridiques, à une demande en distraction ; elle est assez analogue à la demande en distraction que l'on rencontre dans les saisies ordinaires.

Pour résoudre la question de savoir si les demandes des copropriétaires ou des créanciers hypothécaires neutres doivent ou non être accueillies, il faut se demander si la propriété et la nationalité du navire, au point de vue de l'exercice des droits de la guerre, est indivisible.

Supposons donc tout d'abord qu'un navire portant le pavillon ennemi appartienne pour partie à des citoyens neutres. Les neutres qui ont une part de propriété dans le navire capturé pourront-ils revendiquer dans le prix de celui-ci, la saisie une fois validée, une part proportionnelle ? Au point de vue du droit de la guerre, il a été jugé que la propriété est indivisible. Il est de jurisprudence constante, a dit le commissaire du gouvernement dans l'affaire du *Türner* (1), que la nationalité du navire est indivisible et que les neutres, qui ont des intérêts engagés sur des bâtiments d'une nation belligérante, ne sont pas admis à réclamer leur part de propriété ; « il est constant qu'un navire qui navigue sous pavillon ennemi avec des papiers ennemis est de bonne prise ; cette doctrine est également celle de l'Amirauté anglaise qui, dans un jugement du 15 août 1854 (2) a décidé que, bien que la cargaison soit divisible et que la part qui appartient à des neutres doive être restituée, le même principe ne saurait être appliqué au navire lui-même ».

Nous ne croyons pas cette solution à l'abri de toute critique et bien qu'il faille, si l'on admet l'opinion contraire, se mettre en garde contre des fraudes évidemment possibles, nous rejetons la théorie de l'indivisibilité : la cargaison étant divisible, pourquoi, au point de vue de l'exercice du droit de la guerre, la propriété du navire ne le serait-elle pas ? « Bien que le navire, dit M. de Bœck, soit un tout en quelque sorte organisé et vivant, sa divisibilité ne fait doute pour personne, à tous les autres points de vue que celui de l'exercice du droit de la guerre : pourquoi admettre son indivisibilité à cet unique point de vue (3) ».

Quoi qu'il en soit, les droits de copropriété appartenant à des neutres sont, d'après la pratique actuelle, perdus sans compensation.

L'hypothèse inverse de la précédente peut également se présenter. Il peut, en d'autres termes, arriver qu'un bâtiment de commerce ayant droit au pavillon neutre appartienne pour

1. Cons. des Prises, 22 déc. 1870, Barboux, p. 75. D. P., 72, 3, 89.
2. Pistoye et Duverdy, t. I, p. 336.
3. En ce sens. P. Fiore, t. 3, a. 1440-1.

une certaine fraction, à un sujet ennemi. Ce navire pourra-t-il être saisi, condamné et vendu, de telle sorte que le capteur se voit attribuer la part qui, dans le prix, représente la propriété ennemie. « La question, dit M. de Bœck, ne s'est jamais, que nous sachions, posée en France, en ces termes, parce que jamais un croiseur ou même un corsaire français ne s'est permis de saisir un bâtiment ayant le droit de porter le pavillon neutre, sous prétexte que des sujets ennemis en étaient copropriétaires : une telle saisie, si elle était validée, serait, au premier chef, une insulte infligée au pavillon neutre ».

Que décider maintenant au cas où des neutres auraient, sur un navire ennemi, une hypothèque ? Leur droit hypothécaire, est-il inefficace en vertu du prétendu principe de l'indivisibilité ?

Lors de l'affaire du *Turner*, en 1870, le conseil des prises a résolu la question par l'affirmative : « Considérant que les sieurs Hoffmann et Cie, courtiers à Londres, ont introduit devant le conseil une réclamation tendant au recouvrement d'une somme de 12.000 thalers par eux prêtée au propriétaire du navire à 6 0/0 d'intérêt, ledit prêt garanti par une deuxième hypothèque sur le navire. Considérant que ce prêt et la garantie spéciale qui lui est donnée, conformément à la législation prussienne, paraissent en effet résulter des pièces de bord ; mais attendu que la *propriété du navire, au point de vue de l'exercice des droits de la guerre est absolument indivisible* ; que ce principe est admis d'une façon constante par les tribunaux maritimes de tous les peuples de l'Europe, et, notamment, par la Cour d'Amirauté anglaise ; qu'ainsi le sujet neutre copropriétaire d'un navire naviguant sous pavillon ennemi et ayant droit à porter ce pavillon, ne peut, si ce navire est capturé, revendiquer contre le capteur sa part de copropriété ; qu'en supposant même que l'hypothèque, permise par la loi prussienne sur le navire, pût être, comme l'hypothèque cons-

tituée par les lois françaises, considérée comme un démembrement de la propriété, cette hypothèque ne pourrait apporter aucun obstacle à l'exercice absolu des droits de la guerre.»
On le voit, aucun argument décisif ne semble venir à l'appui de cette solution ; aussi concluons-nous que le droit hypothécaire des neutres devrait, contrairement à la décision qui précède, être respecté, pourvu que ce droit fût formellement établi et qu'aucune fraude ne pût être relevée à la charge des réclamants.

Section XI.

Blocus et contrebande de guerre.

Nous avons dit plus haut que, au cas où, dans la pratique internationale, le principe de l'inviolabilité de la propriété privée ennemie sur mer viendrait à prévaloir, le fait de transporter de la contrebande de guerre et celui de violer un blocus régulièrement établi constitueraient encore deux cas de prises légitimes. Il est donc important de se demander quels sont les points qui dans ces deux hypothèses, devront être établis par le réclamant devant la juridiction des prises.

1° En ce qui concerne, tout d'abord, la contrebande de guerre, le propriétaire des marchandises saisies aura à démontrer : a) ou bien que ces marchandises ne constituent pas de la contrebande de guerre ; — b) ou bien que cette marchandise, consistant en armes, munitions, etc... n'était pas chargée à destination du pays ennemi, condition nécessaire pour qu'il y ait lieu à prise. Reprenons ces deux points.

Et d'abord le premier point à prouver, c'est-à-dire que les

marchandises saisies ne constituent pas de la contrebande de guerre, n'entraînera pas, en général, de difficultés sérieuses, puisque la nature des marchandises aura été constatée par l'inventaire dressé au cours de l'instruction préparatoire.

La nature des marchandises saisies étant une fois constatée, le tribunal appréciera, d'après les lois ou instructions reçues, si cette marchandise constitue bien de la contrebande de guerre ; les difficultés qui se sont élevées sur ce point n'ont pas à être examinées ici.

En second lieu, l'examen des papiers de bord pourra assez aisément, du moins en général, établir la destination véritable des armes et munitions saisies.

Nous admettons d'ailleurs, ici, la théorie de la continuité du voyage (1) : on considèrera la destination finale et réelle des marchandises et non leur destination apparente (2). Sinon la prohibition de la contrebande deviendrait illusoire. Mais il faut que cette destination soit établie d'une manière formelle.

2° En ce qui concerne la violation du blocus, le capturé devra prouver : ou bien qu'il ne tentait pas de violer un blocus, ou bien qu'il avait le droit d'ignorer l'existence de celui-ci.

Mais nous n'admettons pas ici qu'il y ait violation de blocus dans l'hypothèse de la continuité du voyage. Voici l'hypothèse, d'après M. Fauchille (p. 335) : « Un belligérant saisit pour rupture de blocus un chargement au moment de son départ d'un port neutre, quelque éloigné qu'il soit d'un port bloqué, s'il soupçonne que ce chargement, après avoir été débarqué dans un port ami, sera ensuite transporté vers un lieu bloqué, et mis à la disposition de l'ennemi. Le voyage du port neutre à l'autre port neutre et celui de ce dernier port au

1. Hefter Geffcken, n° 160, note 2 ; – Bluntschli, règle 813 ; — P. Fiore, t. 3, n. 1649 *in fine*, p. 590.

2. Cons. des Prises, 26 mai 1855, *La Frau-Houwina*.

port bloqué constituent en définitive un seul et même voyage qui est coupable dès le principe. »

Bien que, de tout temps, l'Angleterre ait admis la fiction de la continuité du voyage, et bien que les Etats-Unis, dans l'affaire du *Springbock*, en **1863**, en aient fait une célèbre application, nous répudions ici cette théorie, comme purement arbitraire, et la majorité des auteurs se prononce dans le même sens (1).

Section XII.

Du débat relatif aux marchandises saisies.

Nous supposons ici que des marchandises ont été saisies sous pavillon ennemi, en même temps que le navire qui les porte (2). Le pavillon neutre, en effet, couvre la marchandise ennemie (exception faite pour la contrebande de guerre).

D'après la jurisprudence française, la marchandise chargée à bord d'un navire ennemi est, jusqu'à preuve contraire, présumée ennemie (3) ; elle suit donc le sort de ce navire, et est déclarée de bonne prise, à moins qu'un réclamant légitimement apte à administrer cette preuve (4), démontre la neutra-

1. Gessner, p. 209 ; — Fauchille, p. 337 et suiv. — Délibération de l'Institut à Turin en 1882, *Annuaire*, 1882, p. 100 ; — de Martens-Léo, t. 3, p. 290 ; — P. Fiore, t. 3, n. 1649 et 1653 ; — Calvo, t. 5, n. 2887.

2. V. Barboux, p. 78.

3. Barboux, p. 80, p. 89 et suiv., Cons. des Prises, 31 déc. 1870, *le Paul-Auguste*, D. P. 72, 3, 89. Donc si cette marchandise n'est pas réclamée, elle doit être déclarée de bonne prise : Cons. des Prises, 12 janv. 1871, *le Nicolaüs*, Barboux, p. 108.

4. Jugé qu'un neutre qui a réclamé la propriété des marchandises saisies à bord d'un navire ennemi n'a pas qualité, en l'absence de tout

lité des marchandises saisies, ou à moins que le Conseil puisse, indépendamment de toute réclamation, constater cette neutralité.

Plusieurs règles, relatives à la propriété du navire, et étudiées plus haut, peuvent être reproduites ici en ce qui concerne la propriété des cargaisons saisies : il en est ainsi, notamment, en ce qui concerne les difficultés relatives à la détermination des règles d'après lesquelles est établie la qualité de neutre ou d'ennemi attribuée au propriétaire des marchandises, comme à celui du navire lui-même.

La cargaison est ennemie, si elle appartient à un propriétaire ennemi. Une cargaison, d'après la jurisprudence française, revêt toujours le caractère de son propriétaire, et s'il y a doute sur la question de savoir qui est propriétaire, du destinataire ou de l'expéditeur, on sait qu'on doit, en principe, se prononcer en faveur du destinataire (1) ; en effet, et sauf convention contraire, les marchandises embarquées, soit en vertu d'un contrat, soit en vertu d'un ordre régulier, pour le compte et aux risques du destinataire, sont considérées comme étant la propriété de ce dernier. Nous avons à rechercher maintenant, ainsi que nous l'avons fait en ce qui concerne la preuve de la neutralité du navire lui-même, comment la neutralité de la cargaison devra être démontrée.

Toutes les preuves sont-elles admissibles ici ? Il importe, pour résoudre cette question, de faire une distinction ; en effet, une marchandise est neutre quand elle *appartient* à un *neutre*. On voit immédiatement que le réclamant, pour que son intervention dans l'instance en validité soit efficace, doit démon-

mandat, pour soutenir subsidiairement que la maison reconnue propriétaire de ces marchandises était de nationalité neutre (Cons. d'Ét. 25 fév. 1893, *La Magdalena*, D. P. 73, 3, 29).

1. Calvo, t. 4, n. 2311, Cons. des Prises, 31 déc. 1870. *Le Paul-Auguste* ; *l'Eclips* ; *la Thalia*. D. P. 72, 3, 89.

trer deux choses : qu'il est réellement propriétaire des marchandises saisies ; — 2° qu'il est sujet d'un Etat neutre.

En ce qui concerne les preuves de la nationalité neutre, tous les moyens de preuve sont admissibles, et il doit en être ainsi, car il y aurait exagération à soutenir que le navire doit porter avec lui la preuve de la neutralité du propriétaire des marchandises saisies. Et même pendant la guerre franco-allemande, le Conseil des Prises français a souvent accordé des délais (1) pour permettre aux propriétaires réclamants de fournir la preuve de leur qualité de citoyens neutres.

Notons d'ailleurs que si l'on admet un réclamant à prouver sa nationalité par toutes preuves autres que les papiers de bord, il est très généralement reconnu que si ces papiers de bord établissent que le réclamant a une nationalité ennemie, celui-ci ne peut combattre cette preuve en produisant d'autres documents.

En d'autres termes, ces documents peuvent bien expliquer, compléter, confirmer, ou même suppléer les pièces de bord, mais ils ne peuvent jamais être admis dans le but de les combattre (2). Contrairement à la jurisprudence anglaise, c'est la nationalité et non le domicile qui, d'après la jurisprudence française, détermine le caractère ennemi ou neutre du propriétaire des marchandises saisies (3). L'art. 10 des Instructions françaises du 25 juillet 1870 a par suite certainement commis une erreur sur ce point (4) : il décide, en effet, que la nationalité des maisons de commerce doit se déterminer d'après le lieu où elles sont établies (5). Malgré ces instructions,

1. Cons. des Prises, 12 janv. 1871 ; *le Nicolaüs*, Barboux, p. 108.

2. Cons. des Prises de Paris, 31 déc. 1870. *Le Joan* et *le Paul-Auguste*, D. P. 72, 3, 89. Cons. des Prises de Bordeaux, 2 fév. 1871, *l'Eclips*, D. P., ibid., comp. Calvo, t, 4, n. 2338.

3. Cons. des Prises, 21 déc. 1870, *Paul-Auguste*, Barboux, p. 93.

4. Barboux, p. 105-106.

5. Art. 10 des Instructions du ministre de la marine du 31 mars 1854 (guerre de Crimée).

comme d'ailleurs antérieurement (1), la jurisprudence française, semble bien établie en ce sens qu'un neutre, malgré sa résidence en pays ennemi, ne perd pas sa qualité de neutre, pas plus d'ailleurs que la résidence d'un ennemi dans un port neutre ne ferait perdre à cet ennemi sa qualité (2). Mais dans le cas particulier où le propriétaire des marchandises n'aurait pas de nationalité, ou n'aurait pas de nationalité connue, le domicile fixerait la nationalité en ce qui concerne la question de la validité de la prise.

Lorsqu'il s'agit pour le réclamant de démontrer qu'il est réellement propriétaire des marchandises qu'il revendique, les papiers de bord, seuls, seront admis, ici, comme moyens de preuve (3).

Notamment on ne peut, par ses registres de commerce, combattre les assertions résultant des papiers de bord (4).

Le connaissement, le manifeste, la charte-partie figurant parmi les papiers de bord seront donc seuls admis par le Conseil. D'ailleurs les diverses pièces trouvées à bord pourront se compléter les unes par les autres (5), afin d'établir la propriété du réclamant, mais elles ne sauraient être corroborées par des pièces étrangères aux divers papiers trouvés à bord.

Cette dernière règle est fort ancienne : « Les maîtres des bâtiments neutres, dit l'article 2 du règlement du 26 juilllet 1778, seront tenus de justifier sur mer de leur propriété neu-

1. Cons. des Prises, 13 fructidor an IX, *le Hardy* contre *la Voltigeante*, Pistoye et Duverdy, I. p. 321.

2. Cons. des Prises, 31 déc. 1870, *le Joan*, Barboux, p. 101 et suiv.

3. Cons. d'Et., 2 nov. 1871, *le Vorsetzen*, D. P. 72, 3, 89 ; 13 déc. 1871, *l'Alma*, D. P. 72, 3, 89 ; 25 fév. 1784, *la Magdalena*, D. P. 73, 3, 9. Cons. des Prises de Paris, 29 déc. 1870, *la Ghérardine*.

4. Cons. d'Et., 14 janv. 1860.

5. Cons. des Prises, 12 janv. 1870, *le Nicolaüs*, Barboux, p. 112.

tre par les passe-ports, connaissements, factures et autres pièces de bord, l'une desquelles au moins constatera la propriété neutre ou en contiendra une énonciation précise ; et quant aux chartes-parties et autres pièces qui ne seraient pas signées, veut sa Majesté qu'elles soient regardées comme nulles et de nul effet ».

« Veut Sa Majesté, dit également l'article 11 du Règlement du 26 juillet 1778, que, dans aucun cas, les pièces qui pourront être rapportées après la prise des bâtiments, puissent faire aucune foi, ni être d'aucune foi, tant aux propriétaires desdits bâtiments qu'à ceux des marchandises qui pourraient y avoir été chargées. Voulant Sa Majesté qu'en toute occasion on n'ait égard qu'aux seules pièces trouvées à bord. »

Mais ces connaissements (1) et chartes-parties qui se trouvent à bord doivent eux aussi être en règle et ne contenir aucune incertitude sur la propriété du réclamant ; et le Conseil des Prises n'a pas toujours, sur ce point, admis des solutions identiques. C'est ainsi qu'il a décidé que les connaissements tiennent lieu de charte-partie, et sont valides quoique le capitaine n'ait signé que l'exemplaire remis au chargeur, et n'ait à son bord que les doubles signés du chargeur, se réservant de signer les doubles qui sont à lui, quand bon lui semblera (2).

D'autre part, il a été jugé que si le connaissement n'a été signé que du capitaine il est nul et ne peut servir à établir la neutralité de la marchandise (3).

De même si, ni la charte-partie, ni le connaissement n'indi-

1. Le connaissement est une reconnaissance des marchandises chargées à bord d'un navire, et que le capitaine fournit aux chargeurs.

2. Cons. des Prises, 3 messidor an VIII, Pistoye, t. 1, p. 479.

3. Cons. des Prises, 15 déc. 1870, *le Heinrich* ; Cons. des Prises de Paris, 22 déc. 1870, *le Frei*, Barboux, p. 75. Trib. de Cassation, 8 brumaire an VIII, Pistoye, I, p. 453.

quent la destination, la cargaison doit être déclarée de bonne prise (1).

Une facture n'ayant pas date certaine ne peut servir de preuve (2). Enfin, une copie, sans authenticité, de la charte-partie, n'a pas de valeur pour la preuve (3).

Inversement le connaissement a été regardé comme pouvant servir efficacement de commencement de preuve, quoique signé du seul capitaine, si le destinataire produisait l'autre double, alors, d'une part, que ce double était régulier et qu'il était prouvé, que ce double n'avait pu être, depuis la capture, envoyé par le capitaine (4).

De même, le manifeste peut être considéré comme un connaissement général et, s'il est régulier, suppléer à l'irrégularité des connaissements particuliers (5).

De même, enfin, des rapports d'experts qui établissent qu'une partie de la cargaison leur paraît ennemie ne peuvent pas prévaloir contre des actes authentiques émanés de magistrats et qui établissent la neutralité (6).

Parmi les diverses fraudes employées pour faire considérer comme neutres, les marchandises ennemies chargées sur un navire ennemi, citons les connaissements à ordre. Les connaissements *à ordre*, indiquant comme expéditeur un sujet ennemi, et ne faisant connaître le nom d'aucun destinataire, ne peuvent évidemment prouver la neutralité des marchandises, puisque la seule personne à qui cette pièce de bord permette de rattacher les marchandises est précisément un

1. *Le Ludwig* ; Barboux, p. 53.
2. Cons. d'Ét., 25 fév. 1873, *la Magdalena*, D. P. 73, 3, 39.
3. Cons. des Prises de Paris, 22 déc. 1870, *le Turner*, Barboux, p. 75.
4. Cons. des Prises, 2 fév. 1871, *la Johanna*, Barboux, p. 126.
5. Cons. des Prises, 23 fév. 1871, *l'Henriette*, Barboux, p. 131.
6. Cons. des Prises, 13 floréal an IX, *le Gebruder* contre *l'Oiseau*. Pistoye et Duverdy, I, p. 433-435.

sujet ennemi (1). Un neutre ne saurait s'en prétendre propriétaire en argumentant seulement d'un endos mis sur le connaissement: « Nous croyons, dit M. Barboux, p. 80, que le Conseil des Prises n'est point tenu de se contenter de la production du double du connaissement avec l'endos ; mais qu'il a le droit d'exiger la communication de la correspondance, la preuve du paiement, et de faire compulser par un agent consulaire français, les livres du réclamant, et que ce sont les seuls moyens de savoir si la réclamation est sincère ou frauduleuse. » Et il a été décidé dans cet ordre d'idées, que les connaissements ainsi endossés à des neutres doivent avoir une date certaine, antérieure à la déclaration de guerre (2).

Notons que la pacotille du capitaine et des gens de l'équipage n'a pas besoin de connaissement, « pour la raison bien naturelle que les propriétaires suivent leur propre pacotille, et qu'aucun tiers n'est dans le cas de les réclamer à leur destination (3).

Quant à la cession de marchandises appartenant à un ennemi, et faite, soit à un neutre, soit à un sujet de l'Etat du capteur, postérieurement à la saisie, il est évident qu'elle ne peut être prise en considération par le Conseil des Prises et que la saisie de ces marchandises doit être validée (4).

En ce qui concerne la valeur des divers actes, qui peuvent être pris en considération pour établir la neutralité des marchandises, on applique la maxime : *locus regit actum*, c'est-

1. V. la lettre de l'ambassadeur d'Autriche au ministère des affaires étrangères, 4 janv. 1871, Barboux, p. 99.

2. Cons. des Prises, 7 janv. 1871, *la Laura-Louise*, Barboux, p. 117.

3. Cons. des Prises, 13 vendémiaire an IX. Pistoye et Duverdy, t. 2, p. 339, et t. I, p, 460.

4. Cons. des Prises, 29 déc. 1871, *la Ghérardine*, Barboux, p. 60 et suiv.

à-dire les règles des ports de départ et de destination et non pas seulement et exclusivement les règles françaises (1).

Remarque. — Alors même que la cargaison est déclarée de bonne prise, il existe certains effets qui, ayant un caractère personnel, doivent être restitués sans frais, au capitaine et aux marins, qui montaient le navire capturé. Il en est ainsi, par exemple, des eflets, hardes, instruments nautiques .. reconnus appartenir au capitaine. « Les effets hardes, instruments nautiques, et cartes (2), ainsi que les 2.000 noix de coco réclamées par le capitaine Holtzs, seront restitués à ce marin dans l'état où ils se trouvent et sans frais, à titre de pacotille personnelle. »

Section XIII

Du jugement sur la Prise, et de ses effets.

Le capteur ne devient pas propriétaire par le seul fait de la prise, ni même par la conduite en lieu sûr, sauf les réserves que nous ferons bientôt (*infrà*, p. 105 et 106). C'est le jugement émané du Conseil des Prises qui constituera le titre du capteur, qui convertira en un droit au profit de celui-ci, ce qui, jusque-là, n'était qu'un simple fait.

Examinons les solutions qui peuvent être données par le jugement que rend le Conseil des Prises.

1° *La prise est invalidée*, déclarée nulle et de nul effet. Le jugement prononce, dans cette première hypothèse, la restitution (3) pure et simple et immédiate au profit du récla-

1. *Le Joan*, D. P. 72, 3, 89.
2. Cons. des Prises, 31 déc. 1870, Barboux, p. 96, *Le Joan*.
3. Bluntschli, Règle 852.

mant, qui, tout en recouvrant ainsi ce qui lui appartient, a cependant à supporter les frais et dépens relatifs à sa réclamation. Nous reviendrons ultérieurement sur ce point, et aussi sur la possibilité d'une condamnation à des dommages-intérêts au profit du capturé. La prise étant invalidée et, d'autre part, la prise ayant péri après la capture et avant le jugement, qui doit supporter les conséquences d'une semblable perte? Distinguons,

Le capteur n'aura à restituer que ce qui reste de la capture détruite, et sera déchargé de toutes autres obligations, s'il est, en fait, établi que la perte a eu lieu sans sa faute.

Au contraire, le capteur serait responsable de la perte survenue par suite de sa faute ou, *a fortiori*, de son dol.

2° Le Conseil des Prises prononcera la *condamnation du navire et de la cargaison* : 1°) s'ils appartiennent tous deux à l'ennemi ; 2°) si le navire a résisté à la visite ou violé les règles de la neutralité, spécialement en violant un blocus régulièrement établi.

3° Le Conseil des Prises *condamnera le navire seul*, lorsque d'une part celui-ci est ennemi, et que, d'autre part, il est chargé de marchandises dont la neutralité a été démontrée. Supposons que la saisie du navire ayant été validée, le conseil ordonne la restitution de la cargaison neutre qui se trouvait à bord. Dans ce cas, le fret doit être payé au capteur en proportion de l'avancement du voyage. Mais si le fret a été payé d'avance, au début du voyage, nous croyons qu'aucun fret ne serait dû au capteur, pourvu que ce paiement préalable soit établi d'une façon indiscutable.

4° La confiscation des marchandises *seules*, peut être également prononcée, lorsque ces marchandises chargées à bord d'un navire neutre, constituent de la contrebande de guerre.

Notons, toutefois, que si la contrebande de guerre forme

les trois quarts de la cargaison, le navire, quoique neutre, peut aussi être condamné.

Remarque. — Nous avons dit que le Conseil des Prises ordonne, en prononçant la validité de la saisie, toujours la restitution au capitaine et à l'équipage de leurs effets personnels. D'après un usage aujourd'hui constant, la même faveur est accordée en ce qui concerne les pacotilles ; mais il importe de remarquer qu'il n'en peut être ainsi qu'à la condition que, par son importance, la pacotille ne constitue pas un véritable chargement (1).

Si la prise est validée, le jugement, dit-on souvent, attribue la propriété au capteur. Ce jugement constitue le titre du capteur : la décision du conseil des Prises est donc non pas *déclarative*, mais *attributive* de droit (2). Cette condamnation, dit M. de Bœck, « est une sentence de confiscation ; elle a donc un effet translatif ; c'est d'elle que naît le droit du capteur, ou plus exactement de l'État qui y renonce, en tout ou en partie, au profit du capteur ».

Sans doute le jugement validant la prise attribue *définitivement* celle-ci au capteur. Mais la législation de certains États admet que, même avant ce jugement, la propriété est acquise au capteur. Disons quelques mots de la reprise et de la règle des vingt-quatre heures. Supposons qu'un navire de commerce soit pris par un croiseur ennemi, puis repris par un navire de guerre de sa nation. Dans ce cas le navire et la cargaison doivent-ils faire retour à leurs propriétaires primitifs ou bien, au contraire, être attribués au recapteur ?

Si, jusqu'au jugement de validité, le capteur n'avait acquis aucun droit de propriété sur la prise, le recapteur ne pouvant avoir plus de droits que le capteur, le propriétaire primitif

1. Cons. des Prises, 1er déc. 1870, *le Don Julio*, Barboux, p. 86.
2. Heffter-Geffcken, n. 138, note 3.

devrait rentrer en possession des biens qui n'auraient pas cessé de lui appartenir.

Sur ce point, le *Consulat de la mer* décidait que si la prise avait déjà été conduite en lieu sûr, et qu'elle fût ensuite enlevée à l'ennemi, elle appartenait au recapteur ; si la prise n'était pas encore en lieu sûr, elle revenait au propriétaire dépossédé.

Un peu plus tard on finit par adopter la *règle des 24 heures:* La possession exercée pendant 24 heures depuis la capture permet au capteur *d'usucaper* la propriété du navire et de la cargaison ennemis. En sorte que la reprise opérée après l'expiration de ce délai transfère au recapteur la propriété que son compatriote a définitivement perdue (1).

La règle des 24 heures a été longtemps admise en France dans les conditions qui précèdent (art. 61, ordonn. du 1584 ; art. 8, titre des Prises, de l'ordonnance du 1681 ; ordonnance du 15 juin 1779 ; arrêté du 2 prairial an XI).

Les instructions françaises de 1870 ont réglé comme il suit, le point qui nous occupe : La recousse d'un bâtiment national ne donnera lieu à aucun droit sur le bâtiment recous. Si le bâtiment repris est un neutre, il sera considéré comme ennemi, s'il est resté plus de vingt quatre heures en la possession de l'ennemi. Si ce bâtiment n'est pas resté 24 heures au pouvoir de l'ennemi, il sera relâché purement et simplement.

Ce n'est donc, en résumé, que sous les restrictions qui précèdent, que nous disons que le jugement du conseil des prises, quand il se prononce pour la validité, produit. pour le capteur un effet translatif.

Nous avons dit plus haut que devant le conseil des prises, le gouvernement est représenté par son commissaire spécial et que, d'autre part, le capitaine du navire capturé est

1. Travers-Twiss, t. 2, ch. 9, n. 172 et 173 ; Gessner, p. 357 et suiv.

censé représenter l'armateur et tous les autres intéressés, par exemple les chargeurs des marchandises saisies (1) (ces règles sont d'ailleurs générales en droit maritime).

C'est pourquoi le jugement du conseil des prises a effet à l'égard de tous les intéressés (2). Par exemple, une décision du conseil des prises rendue en présence du capitaine seul produit tous ses effets à l'égard des chargeurs (3). Mais, précisément à cause de ce fait que le capitaine représente tous les intéressés à la nullité de la capture, il y a là une exception plus apparente que réelle au principe de l'article 1351 du Code civil. En tous cas cette représentation collective conduit à cette conséquence qu'il ne peut, en la matière qui nous occupe, être question de cette voie de recours, de rétractation, dite tierce-opposition.

Section XIV

Des voies de recours.

La solution donnée par le conseil des prises n'est pas définitive : en ce sens qu'elle peut toujours être attaquée. Examinons par quels moyens.

§ 1. Opposition et tierce-opposition

Les intéressés étant nécessairement toujours présents, soit par eux-mêmes, soit par le capitaine, qui les représente légalement, le défaut n'est pas possible ; il en est par suite de même de l'*opposition*.

1. Cons. d'Et., 1er mars 1856, *La Fulvia, Rec. Cons. d'Et.*, 1856, p. 822.
2. Laferrière, t. II, p. 71.
3. Cons. d'Ét., 1er mars 1856.

Nous avons dit plus haut qu'il ne pouvait pas davantage être ici question d'une *tierce-opposition*.

§ 2. De l'appel

Le jugement une fois prononcé, appel peut être interjeté de cette décision, soit par le réclamant, soit par le commissaire du gouvernement.

L'appel dirigé contre les jugements du conseil des prises a lieu sous forme de recours au gouvernement, en Conseil d'Etat.

L'appel doit être interjeté contre la décision du conseil des prises dans les trois mois de la notification de cette décision (1) : sinon le recours tardivement formé, serait nul (2). C'est le décret du 9 mai 1859 qui a ainsi fixé le délai du recours devant la juridiction d'appel. Une augmentaion de délai, à raison de la distance, est possible, dans les limites fixées par l'article 73 du Code de procédure civile. C'est du moins ce qu'a implicitement admis le Conseil d'Etat par son arrêt du 11 avril 1873.

Remarquons que c'est seulement en ce qui concerne les particuliers réclamants que le point de départdu délai de trois mois donné pour appeler est la notification de la décision rendue en première instance. En ce qui concerne le commissaire du gouvernement, le délai de trois mois commence à courir dès le jour même de la décision.

La requête d'appel est déposée au secrétariat général du Conseil d'Etat. Lorsque cette requête émane des particuliers

1. L'appel est donc toujours possible contre une décision du Cons. des Prises qui n'a pas été signifiée : Cons. d'Ét., 17 juillet 1816, Pistoye et Duverdy, t. 2, p. 134.

2. Cons. d'Ét., 1er mars 1856. *Rec. Cons. d'Ét.*, 56, p. 822 ; 18 avril 1873, *Le Milo*, D. P. 75, 3, 36.

réclamants elle doit être présentée par le ministère d'un avocat au Conseil d'État et à la Cour de cassation.

L'appel n'est pas suspensif ; mais il entraîne obligation de surseoir en ce qui concerne la répartition définitive du produit des prises (1) : « Cependant, ajoute le décret du 18 juin 1854, il peut être ordonné en notre Conseil d'État qu'il sera sursis à l'exécution de la décision contre laquelle un pourvoi est dirigé, ou qu'il sera fourni une caution avant cette exécution. »

Quelle est, exactement, la nature juridique du recours formé, devant le Conseil d'État, contre la décision du conseil des prises ? Nous nous trouvons, ici, en présence d'un recours en la forme administrative (2). Il ne s'agit donc pas, en notre matière, d'un recours au Conseil d'État statuant au contentieux (3). Par suite, les recours au Conseil d'État formés au moyen d'une requête contentieuse, doivent être déclarés non recevables.

En d'autres termes, l'appel ne consiste pas en un recours ordinaire devant la section du contentieux, mais bien en un recours administratif devant l'assemblée générale du Conseil d'État (4) : celle-ci délibère après que la section de législation a examiné l'affaire et a fait le rapport (5). La section correspondante au ministère de la marine est remplacée aujourd'hui, en effet, pour l'instruction de ces affaires, par celle qui correspond au ministère des affaires étrangères, c'est-à-dire par la section de législation (6).

1. Décret du 18 juin 1854.
2. Laferrière, t. II, p. 69.
3. V. Pistoye et Duverdy, t. 2, p. 182.
4. L. du 14 mai 1872, art. 5, 18°.
5. Cons. d'Ét., 11 janv. 1855, D. P. 55, 3, 46 ; *la Christiane*, Pistoye, II, p. 517.
6. Laferrière, t. 2, p. 69. V. Réglement intérieur du Cons. d'Ét., 21 août 1872, art. 5, 18° et 6 (D. P. 72. 4, 101) ; le décret du 2 août

Au sein de l'assemblée générale du Conseil d'Etat le gouvernement est représenté par les conseillers d'État en service extraordinaire qui appartiennent aux départements ministériels intéressés (1).

Une fois que la décision est ainsi préparée par le Conseil d'État en assemblée générale, un décret statue définitivement (2).

Remarquons ici que, d'une part, l'incompétence du Conseil d'État statuant au contentieux, pour juger l'appel des décisions rendues par le conseil des prises est une conséquence immédiate du caractère, à la fois politique et gouvernemental, que nous avons, précédemment, reconnu au jugement des prises ; et, d'autre part, que l'appel de la décision de la juridiction des prises qui est un tribunal *national* est porté devant un autre tribunal également *national*.

Alors que le conseil des prises est saisi de plein droit, et doit statuer même d'office sur la validité de la prise, le Conseil d'État, appelé à délibérer sur l'appel de la décision rendue, n'est pas saisi de plein droit ; il est nécessaire qu'un recours soit formé par la partie intéressée à la réformation de cette décision.

On doit se demander alors si la décision rendue sur l'appel doit, étant donnée cette différence, avoir, comme la solution donnée en première instance, un effet général et absolu. Avec M. Laferrière (3), nous résoudrons cette question en distinguant :

1879, art. 7, 18° (D. P. 79, 4, 73) ; le décret du 3 avril 1886 (D. P. 86, 4, 82).

1. Laferrière, t. 2, p. 70.

2. Décret du 25 janvier 1852 ; L. du 24 mai 1872. V. le décret portant règlement intérieur du Cons. d'Ét. du 2 août 1879, modifié par le décret du 3 avril 1886, art. 7, 16° (D. P. 79, 4, 73 et 86. 4, 82).

3. Tome II, p. 71.

1° L'appel a été formé, sur un chef déterminé, dans l'intérêt des capteurs, à la suite d'un jugement prononçant l'invalidité de la prise. Dans ce cas, les effets de la décision rendue sur l'appel ne s'appliqueront qu'aux chefs du jugement de première instance contre lesquels le recours a été formé, pour le surplus le jugement d'invalidité produira ses effets et profitera, par suite, aux réclamants.

2° Supposons que l'appel émane de l'un des capturés. De deux choses l'une : ou bien la décision rendue, sur cet appel en sa faveur, peut se concilier avec le maintien, pour le surplus, de la sentence qui, validant la prise, a été rendue en première instance : dans ce cas l'appel ne profitera qu'à l'appelant et dans la limite de ses réclamations jugées bien fondées ; ou bien, au contraire, la décision obtenue par l'appelant prouve à l'égard de tous les intéressés, l'invalidité de la prise, c'est-à-dire ne peut se concilier avec le maintien, pour le surplus, de la sentence prononçant la validité ; dans ce cas les intéressés, autres que l'appelant, bénéficieront de la décision rendue sur l'appel, bien qu'ils ne soient pas en cause directement.

Ces règles ne sont pas, d'ailleurs, en contradiction absolue avec le principe général de l'article 1351, car on sait que l'appel profite aux parties autres que l'appelant lorsque la question, dont est appel, est indivisible. Et en tous cas, on conçoit qu'ici les principes généraux sur la chose jugée ne doivent pas être appliqués avec une rigueur absolue, dans une matière où l'équité domine, alors que nous sommes en présence d'une juridiction spéciale qui, ainsi que le remarque M. Laferrière, doit toujours rendre meilleure la condition du capturé, mais ne jamais la rendre pire.

Conformément aux distinctions qui précèdent, il a été décidé que, lorsque, sur le recours d'un des intéressés, un décret rendu, le Conseil d'État entendu, a déclaré non valable la prise de certaines marchandises, les neutres intéressés, et ayant des droits analogues, peuvent se prévaloir de cette décision pour demander la restitution de celles de ces marchandises qui leur appartiennent, sans qu'on puisse leur opposer qu'ils n'étaient pas parties dans l'instance (1).

Le décret rendu sur l'appel confirme la décision du conseil des prises ou l'infirme ; dans ce dernier cas il la remplace par une solution nouvelle.

Le décret rendu, le Conseil d'État entendu, étant ainsi intervenu sur l'appel, cette décision peut-elle encore être attaquée ? Ou bien est-elle *absolument* définitive ?

Tout d'abord il est certain qu'aucun recours *contentieux* n'est possible contre un décret rendu en Conseil d'État et statuant sur l'appel formé en matière de prises, même si ce décret était entaché d'un vice de forme ou d'un excès de pouvoir (2).

Mais on s'est demandé si un semblable décret ne pourrait pas faire l'objet d'une tierce-opposition, de la part de ceux qui, non parties à l'appel, prétendraient avoir intérêt, en ce qui les concerne, à la rétractation de la décision rendue en appel.

Pour résoudre cette question il faut, tout d'abord, se rappeler que d'une manière générale, la voie de recours dite tierce-opposition ne peut jamais être exercée que devant la juridiction même qui a rendu la décision que la tierce-opposition a pour but de faire rétracter dans la limite qu'a le tiers-opposant à cette rétractation.

Or, on le sait, avant la loi du 24 mai 1872, le Conseil d'Etat, dans les affaires contentieuses comme en matière administrative ordinaire n'avait, comme attribution, que celle

1. Cons. d'Ét., 7 août 1875. *L'Andrew*, D. P. 76, 3, 36:
2. Laferrière, t. 2, p. 69.

de préparer le décret qui, émané du chef de l'État, devait statuer sur la question.

Rien ne différenciait alors, au moins dans la forme, les décisions administratives et les décisions contentieuses préparées par le conseil d'Etat, on pouvait soutenir que la tierce-opposition était recevable en matière de décisions rendues sur les prises en la forme administrative, puisque cette voie de recours était possible dans les affaires contentieuses. Depuis la loi de 1872, cette solution ne peut plus être soutenue, puisque les décisions ne sont plus rendues de la même façon en matière administrative et en matière contentieuse; puisque, dans cette dernière catégorie d'affaires, le conseil d'Etat a reçu un pouvoir de décision propre.

En sorte que une tierce-opposition ne serait plus aujourd'hui recevable devant le conseil d'Etat statuant au contentieux contre un décret rendu, le conseil d'Etat entendu, sur l'appel d'une décision du conseil des Prises (1).

De tout ce qui précède, on peut conclure que la décision rendue sur l'appel de la sentence émanée du conseil des prises est définitive. Cependant « les sentences des cours de prises ne lient les souverains des sujets neutres contre lesquels ces sentences ont été rendues, que si elles sont conformes au droit des gens (2) ». Supposons donc qu'un sujet neutre se trouve lésé par la décision rendue par une juridiction française des prises et qu'il demande protection à son gouvernement. Ce gouvernement neutre, s'il estime cette réclamation bien fondée, pourra, par la voie diplomatique, réclamer à son tour auprès de l'Etat français... Notons qu'en général cette réclamation, si elle est sérieuse, réussira souvent, malgré la

1. Cons. d'Et., 14 juin 1878. D. P. 78,3,13. V. — cependant sur ce point, la dissertation publiée par la *Revue Générale d'administration*, 1878, 2, 388.

2. De Bœck, p. 102 et 103.

force de la chose jugée, car il est certain qu'en temps de guerre, un belligérant ne tient pas à s'aliéner les gouvernements neutres. Remarquons d'ailleurs que cette intervention de l'État, auquel appartient le neutre qui se prétend lésé, se produira rarement aujourd'hui, étant donnés les principes formulés par la déclaration du 16 avril 1856.

Ajoutons, enfin, que cette intervention d'un État neutre n'a pas pour effet d'anéantir la décision des juridictions de prises. Elle n'est pas une sorte de tierce-opposition dans laquelle le gouvernement neutre viendrait argumenter de la règle : *res inter alios acta*. Le jugement sur la prise, en effet, sera maintenu dans son intégralité, mais l'Etat belligérant, ici la France, qui aurait lésé le droit du sujet neutre, devra donner une indemnité en argent proportionnée au préjudice causé.

D'une manière générale, ces réclamations diplomatiques ont quelquefois abouti entre quelques Etats à des représailles, ou encore à la nomination de *commissions mixtes* qui se sont trouvées ainsi appelées à statuer sur les points qui faisaient l'objet de la réclamation, mais dont les pouvoirs n'allaient pas jusqu'à casser les décisions des tribunaux de prises (1) : l'octroi d'indemnités, le cas échéant, tel était le pouvoir de ces commissions qui n'ont siégé d'ailleurs, qu'une fois la guerre terminée : — il en a été ainsi, notamment, à propos de la célèbre affaire de l'Alabama.

Section XV.

Effets accessoires des décisions sur les Prises.

§ 1. Restitutions.

Le jugement ordonne la restitution de la prise lorsque la

1. De Bœck, p. 103.

réclamation du capturé lui semble fondée. Le réclamant recouvre, ainsi, la possession des choses saisies.

Si la prise d'une partie de la cargaison est invalidée après que la marchandise indûment saisie a été vendue, le prix doit en être restitué au réclamant, avec les intérêts de droit, calculés à compter du jour de la capture (1).

§ 2. Frais et dépens.

Le jugement sur la prise peut, quand il ordonne la restitution de celle-ci, condamner le capteur à payer au réclamant les frais et dépens de l'instance. Mais il en est rarement ainsi (2): la restitution pure et simple est ordinairement ordonnée, et le réclamant supporte les frais et dépens.

Quoi qu'il en soit, les dépens sont ici les honoraires des avocats (3) et officiers ministériels qui ont prêté leur concours au réclamant, ainsi que le coût de la décision du conseil des Prises.

Les frais sont, d'autre part, ceux nécessités par la garde, le déchargement, le transport, ceux de magasinage et de vente. Les frais peuvent également comprendre la subsistance des hommes montant le navire restitué, quand il a fallu fournir cette subsistance à l'équipage.

Ajoutons que le propriétaire des marchandises à qui on les restitue doit payer le *fret* d'après l'avancement du voyage et les conditions du connaissement (4). Par application du même principe il a été jugé que les neutres doivent payer au capteur

1. Cons. des Prises, 29 prairial an VIII. Pistoye et Duverdy, t. II, p. 447.

2. Cons. d'Ét., 25 fév. 1860. *La Caterina* et autres, D. P. 62, 3, 5. Cons. d'Ét., 6 oct. 1871, *La Henriette, Rec. Cons. d'Ét.*, 1871, p. 447.

3. Pistoye et Duverdy, 343.

4. *Le Joan, le Laura-Louise, le Nicolaüs, la Thalia*, art. 3 du décret de 1859, D. P. 59, 4, 119. Art. 3 du décret de 1865, D. P. 65, 4, 21. Comparer art. 302 et 303 du Code de com. Pistoye, p. 342.

le fret « en proportion de l'avancement du voyage » pour leurs marchandises chargées à bord d'un navire ennemi, et qu'ils doivent, en ce qui concerne ces mêmes marchandises, supporter les frais de procédure (1).

§ 3. Dommages-intérêts.

Enfin le jugement sur la prise reconnue non valablement faite peut condamner le capteur à payer des dommages-intérêts au réclamant. Tel est du moins le principe (2). Mais il faut bien reconnaître qu'en pratique, des dommages-intérêts sont fort rarement accordés au capturé qui triomphe dans sa réclamation contre le capteur. En effet, dès qu'une faute (ou un semblant de faute) peut être relevé, si petite qu'elle soit, à la charge du capturé, ou encore dès que le capteur, d'autre part, avait une raison (3), si minime qu'elle fût, pouvant, en apparence, justifier la saisie qu'il a faite, les dommages-intérêts sont refusés au réclamant qui triomphe. « Lorsque le conseil des prises ordonne la restitution d'un navire neutre capturé, il ne doit pas condamner les capteurs à des dommages-intérêts, lorsqu'il y avait *un prétexte légitime de capture*, même si les soupçons qui s'étaient élevés sur la nationalité de la prise s'évanouissent dans l'instruction. Les dépens de l'instance doivent rester aussi à la charge des capturés (4) ».

Il importe d'ailleurs d'ajouter que, depuis l'abolition de la course, la question de faute ne peut plus guère se poser en pra-

1. Décision du Cons. des Prises, 28 oct. 1854. *L'Orione* contre *l'Averne*, Pistoye, t. 2, p. 499.

2. De Bœck, 114.

3. Cons. des Prises, 29 nov. 1870. *L'Agnès*, Barboux, p. 57.

4. Décision du 19 mai 1855, Cons. des Prises. *la Fulvie*, Bluntschli, règle 853. Calvo, t. 5, n. 3083. Barboux, p. 57. Cons. d'Ét., 23 fév. 1860. *La Caterina*, D. P. 62, 3, 5. Cons. d'Ét., 14 fév. 1872. *L'Apollo*, D. P. 72, 3, 89. *Le Ludwig, le Vorwaerts*.

tique (1). En tous cas, ainsi que fait remarquer Calvo (t. 5, n. 3084), si une faute grave de la part du capteur avait été commise, la responsabilité pécuniaire de l'Etat que représente le commandant du navire capteur serait certainement engagée.

Quant à la liquidation des dommages-intérêts, une fois leur principe admis, nous avons dit qu'elle était autrefois, en France, confiée à un tribunal ordinaire, auquel le conseil des Prises renvoyait pour cette fixation (2). Nous avons dit au contraire (*suprà*, p. 47) que, la course étant abolie, le conseil des Prises peut aujourd'hui statuer directement sur ce point.

Section XVI.

Attribution et partage des prises

§ 1. — Formalités de la vente

Aux termes de l'article 85 de l'arrêté du 2 prairial an XI, et de l'article 1, arrêté du 8 floréal an IX combinés, les biens saisis, navire ou cargaison, sont vendus à la criée au plus offrant et dernier enchérisseur. L'adjudicataire doit payer le prix soit comptant, soit en lettres de change à deux mois d'échéance au plus tard. Cette disposition décidant que le prix doit être ainsi payé à bref délai avait surtout été formulée pour les corsaires : « c'est l'appât du gain, disent MM. Pistoye et Duverdy, qui attire les matelots sur les corsaires..... Le législateur a pensé que plus le paiement des parts serait prompt, plus les engagements sur les corsaires seraient nombreux ».

La livraison des effets vendus et adjugés commence le len-

1. Calvo, t. 5, n. 3089.
2. Laferrière, t. 2, p. 74.

demain de la vente et se continue sans interruption (art. 85 arrêté du 2 prairial an XI).

C'est l'officier en chef de l'administration de la marine qui est chargé de l'adjudication (art. 1er arrêté du 17 floréal an IX). Dans le cas où l'adjudicataire ne se présenterait pas à l'heure indiquée, ou au plus tard dans les trois jours après la livraison faite des derniers articles vendus, il est procédé à la revente, à la folle enchère, des objets qui lui auraient été adjugés.

Qui peut se rendre adjudicataire ? Les Français peuvent évidemment se rendre adjudicataires des navires saisis par un capteur français. D'après l'arrêté du 14 floréal an III, et le décret du 24 janvier 1854, les cahiers des charges relatifs à la vente des navires capturés portaient interdiction aux étrangers de se rendre acquéreurs de ces navires.

Cette règle suscita des réclamations de la part des constructeurs français qui y voyaient surtout pour leur industrie une concurrence redoutable. Ces réclamations furent admises ; en sorte que le 9 juin 1871, une décision du ministre de la marine a permis aux étrangers de se porter acquéreurs des bâtiments capturés ; depuis 1871, toute clause écartant les étrangers a donc disparu des cahiers des charges.

Mais en admettant ce principe de l'admission des étrangers à la faculté de se porter acquéreur, il fallait réserver la question du pavillon : « les navires allemands vendus à des étrangers prendront la nationalité des acquéreurs, et ne seront point admis à naviguer sous pavillon français. »

§ 2. — Partage des prises. Attribution du prix de la vente.

Nous ne nous étendrons pas sur la liquidation et le partage des prises faites par les corsaires. Le sujet a perdu son importance pratique (1). Cette liquidation avait lieu d'une manière

1. V. Pistoye et Duverdy, t. II, p. 380.

successive. Elle était d'abord particulière ou provisionnelle, puis générale. L'arrêté de prairial an XI fixe les parts revenant aux armateurs, aux équipages, et les diverses gratifications d'après l'importance et l'utilité des objets pris, la retenue de 5 °/₀ au profit de la caisse des Invalides de la marine.

Depuis la déclaration de Paris de 1856, les prises opérées par des corsaires ne devant plus avoir lieu que dans des cas tout à fait exceptionnels, occupons-nous seulement des prises opérées par les navires de guerre français.

Aujourd'hui encore le partage des prises faites par les bâtiments de l'Etat est réglé par l'arrêté du 9 ventôse an IX modifié par l'ordonnance du 22 mai 1816, qui a reconstitué la caisse des Invalides de la marine.

D'après ces textes, si la prise a pour objet des *bâtiments de commerce*, le capteur (état-major et équipage) a droit au deux tiers et la caisse des Invalides de la marine au tiers de la prise.

Si la prise a pour objet des *bâtiments de guerre*, le capteur a droit à la totalité de la prise (sauf, pour la caisse des Invalides de la marine, 3 °/₀ du produit brut de cette prise). Au surplus, l'arrêté de ventôse an IX règle le détail de la répartition de la prise entre l'État-Major du navire et l'équipage. Cet arrêté consulaire du 9 ventôse an IX, encore en vigueur aujourd'hui, est à la veille d'être modifié. — En juin 1890, le conseil d'État a adopté un règlement d'administration publique le modifiant. Ce règlement n'est pas encore promulgué.

Les règles de répartition une fois indiquées, demandons-nous qui a droit d'y figurer. En théorie, tout d'abord, on pourrait soutenir que les prises maritimes doivent revenir à l'État et non au croiseur capteur (1) : l'État remettrait alors à l'équipage du capteur ce qu'il estimerait bon. Pour participer

1. Bluntschli, règle, 673. Comp. Cons. des Prises de Paris, 26 nov. 1870. Barboux, p. 59, qui pose, en *principe*, que les prises appartiennent à l'État.

à la répartition du prix provenant de la vente de la prise, il est évident que le croiseur doit avoir participé à cette prise, sinon en y concourant matériellement, du moins d'une manière efficace (1), par exemple en étant, pour le capturé, par sa présence, une cause d'intimidation. Et si la prise a été opérée par une escadre, les navires qui n'ont pu utilement concourir à cette opération ne peuvent alors participer aux bénéfices de cette prise (2), alors que, au contraire, toute l'escadre en bénéficie, lorsque le navire capteur n'agit pas isolément (3).

En somme, tous les vaisseaux de guerre présents au moment de la capture ont, en principe, droit au partage du produit net : à cette règle est basée sur l'obligation qui incombe à tous les bâtiments de l'Etat indistinctement d'attaquer l'ennemi partout où il se trouve et sur la présomption qui en découle que les vaisseaux de cette classe qui étaient présents sur le lieu de la capture se trouvaient là *animo capiendi*.

On allègue également comme raison justificative de ce mode de procéder la nécessité de fortifier par tous les moyens possibles l'harmonie si nécessaire dans le service maritime (4) ».

Et si l'état de l'instruction ne permettait pas de savoir *à priori* si le capteur opérait isolément, ou si le produit de sa prise devrait au contraire profiter à l'ensemble ou à une partie de l'escadre, le Conseil des Prises réserverait à l'administration le soin de procéder à la liquidation des parts (6). En

1. Calvo, t. 5, n. 3089.

2. Calvo, n. 3094. Cons. des Prises, 26 nov. 1887, *le Révolver, le Léopard. Rec. Cons. d'Ét.*, p. 895 et 900.

3. Cons. des Prises, 12 juillet 1886, *le Ping-On* ; 26 nov. 1887, *la Lionne* ; *Rec. Cons. d'Ét.*, p. 897. *Le Château-Renaud* et *le Hamelin*, *Rec. Cons. d'Ét.*, p. 898. Cons. d'Ét., 30 janv. 1874, *le Dordolot des Essarts*, D. P. 75, 3, 13. Arrêté du 9 ventôse an IX, art. 16.

4. Calvo, t. 5, n. 3089.

5. Cons. des Prises, 20 juillet 1889, *le Parseval, la Trombe, le Léopard. Rec. Cons. d'Ét.*, p. 1223, 1234, 1235, et 8 fév. 1892, *la Massue*.

d'autres termes l'administration de la marine est seule chargée des liquidations, tant générales que particulières, des prises faites par les bâtiments de l'Etat, seuls ou concurremment avec des corsaires (1).

D'une manière plus générale, tous ceux qui ont participé à la capture par un concours effectif peuvent prétendre à une part de prise ; il en serait ainsi des troupes de terre (exemple une batterie d'artillerie) qui auraient facilité la capture ; il en serait ainsi encore des préposés des douanes ayant encouru à la capture (2).

Si, postérieurement à la capture, des marchandises ont été préemptées pour les besoins de la flotte, le département de la marine en fait état et estimation ; le prix de ces marchandises est payé par le trésor, et adjugé aux capteurs, conformément aux règles légales de répartition (3).

Il est, enfin, possible, qu'il s'élève des contestations sur l'exécution d'une décision du Conseil des Prises, entre les prétendants droit au partage de la prise. Ces difficultés seront tranchées, par voie administrative, par le Ministre de la Marine (art. 16, arrêté du 6 germinal an 8). Cette solution est d'ailleurs seule compatible avec les nécessités de la discipline des équipages des navires de guerre. Mais la décision rendue sur ce point par le Ministre de la Marine pourrait faire l'objet d'un recours *contentieux* au Conseil d'Etat (4).

1. Art. 16 et suiv. Arrêté 6 germinal an VIII.
2. Avis Cons. d'Ét., 4 août 1809. Calvo, t. 5, n. 3095.
3. Décisions des 22 oct. et 15 déc. 1870 du Cons. des Prises de Paris. *Le Heinrich*, *le Pfeil*, Barboux, p. 125 et 128.
4. Cons. d'Ét., 11 avril 1873. *L'Andrew*, D. P. 76, 1, 36.

DEUXIÈME PARTIE

LÉGISLATION COMPARÉE

GÉNÉRALITÉS

Comme la législation française, les législations étrangères dont nous allons parler admettent :

1° Que les tribunaux de prises ne siègent que dans les pays belligérants ;

2° Qu'il y a des autorités, commissions ou tribunaux, chargées de faire l'instruction préparatoire dans le port où la prise a été mise en lieu sûr ;

3° Qu'il y a une juridiction chargée de statuer en première instance et, au-dessus de celle-ci, une juridiction supérieure devant laquelle peuvent (1) se pourvoir les parties intéressés à la réformation de la solution donnée en premier ressort.

4° Que la marche générale de la procédure est réglée d'après le droit de chaque nation (2).

1. Dans des délais qui varient de quelques jours à quelques mois.
2. Bluntschli, règle 848. De Bœck, n. 338.

Dans la *Revue de Droit international et de législation comparée* (années 1878 et suivantes), M. Bulmerincq a minutieusement exposé la législation de chaque Etat en matière de prises (1) ; aussi nous contenterons-nous de donner quelques détails sur le droit des prises des Etats les plus importants.

Nous classifierons ces législations en trois groupes suivant l'organisation administrative, judiciaire ou mixte qu'elles ont donnée à leurs juridictions des prises.

1. V. également Kamarowsky, p. 139 et suiv.

CHAPITRE I.

1er Groupe

ETATS DONT LES TRIBUNAUX DE PRISES ONT UNE ORGANISATION ADMINISTRATIVE

Les principaux Etats dans lesquels les juridictions de prises ont une organisation administrative, sont : la France, l'Italie (1), l'Espagne (2), la Russie.

Section I.

Italie.

La législation italienne, en matière de prises, présente cette très importante particularité que le Code de la marine marchande, promulgué le 21 juin 1865, consacre l'inviolabilité de la propriété ennemie sur mer (3).

Mais il reste entendu que l'abolition de la course et celle du droit de prise est subordonnée à la condition de réciprocité (art. 208 et 211).

Sont d'ailleurs exclues des dispositions qui précèdent, d'a-

1. Code maritime Italien, de 1865 ; décret royal et instruction du 20 juin 1866.

2. Décret espagnol du 27 juillet 1867.

3. Il consacre également, conformément à la déclaration de Paris, l'abolition de la course.

près l'article 212, la capture et la confiscation pour contrebande de guerre et cela y compris le navire en contravention. Sont aussi exclues de ces dispositions, la capture et la confiscation pour rupture d'un blocus effectif et déclaré.

Pendant la guerre de 1866, une *commission des Prises* a fonctionné à Florence (décret du 20 juin 1866). Cette commission était composée : 1°) du vice-président du conseil d'amirauté, président de la commission ; 2°) d'un membre du même conseil ; 3°) de trois conseillers d'appel ; 4°) d'un membre du conseil du contentieux diplomatique ; 5°) d'un fonctionnaire supérieur de l'administration de la marine marchande ; 6°) d'un commissaire du gouvernement et d'un secrétaire, tous deux sans voix délibérative. D'après l'article 5, décret du 20 juin 1866, la commission statue sur la validité et sur la confiscation des prises maritimes, en conformant ses décisions, d'une part au code de la marine marchande, et d'autre part, aux instructions que le ministre de la marine adresse aux commandants des opérations navales. Les parties intéressées peuvent présenter des mémoires écrits qu'ils adressent au président de la commission.

Dans les huit jours qui suivent la décision de la commission sur une prise déterminée, cette décision doit être communiquée aux ministres des affaires étrangères et de la marine.

L'appel est porté devant le Conseil d'Etat.

Section II.

Espagne.

En Espagne, les tribunaux de prises ont également une organisation administrative. Rappelons que l'Espagne n'a pas adhéré à la déclaration de 1856 proclamant l'abolition de la course.

Les tribunaux compétents pour connaître, en première instance, des questions relatives à la validité des prises sont les comités administratifs de la marine des chefs-lieux des départements maritimes avec leurs assesseurs (1).

Mais les comités administratifs ne rendent qu'une décision plutôt provisoire. « Après la déclaration de validité ou de nullité de la prise, après audition des parties dans l'instruction, exposé des moyens à charge ou à décharge, et appréciation de la preuve, il doit envoyer le dossier au gouvernement, qui, le Conseil d'Etat entendu, statue définitivement et sans appel » (1).

Section III.

France.

Nous avons vu que l'organisation des tribunaux de prises français était également, à l'heure actuelle, administrative.

Section IV.

Russie.

Le jugement des prises appartient, en Russie, à la cour d'Amirauté, instituée auprès du ministère de la marine (3).

Dans les principaux ports de Russie, il est établi une commission des prises, qui, à l'arrivée du capteur, se fait remettre

1. Décrets du 24 août 1831 et 24 avril 1866. Résolutions du Conseil d'État du 10 juillet 1867, approuvées par décret royal du 27 juillet 1867.
2. Négrin, *Derecho int. marit.*, n. 323, p. 276 et suiv.
3. V. art. 941 à 947 du Code Russe de commerce.

tous les documents relatifs à la propriété du navire capturé et de la cargaison chargée sur celui-ci.

Les commissions des prises statuent, mais si la solution à donner sur la validité de la prise nécessite un examen plus approfondi, la commission, après un premier examen, soumet l'affaire au ministre de la marine, qui donnera la solution définitive (1).

1. Bulmerincq, *R. D. I.* 1878, p. 616 et suiv.

CHAPITRE II

2e Groupe

ÉTATS DONT LES TRIBUNAUX DE PRISES ONT UNE ORGANISATION JUDICIAIRE

Jusqu'à présent, l'organisation des tribunaux de prises n'est *judiciaire* qu'en Angleterre, en Hollande, et aux Etats-Unis.

Section I

Angleterre (1).

Les auteurs et les juges anglais, Sir Travers Twiss, Lord Stowel, Phillimore, attribuent aux tribunaux de prises un caractère essentiellement judiciaire.

A. *Organisation.*

Les tribunaux de prises de première instance sont des tribunaux qui, rentrant normalement dans l'organisation judiciaire anglaise, sont, en vertu d'une commission spéciale de

1. Le droit des Prises est résumé officiellement dans le *Manual of Naval Prize Law*, rédigé par M. Holland, 1888, d'après ancien manuel de G. Lushington.

la couronne, érigés en cours de prises. La juridiction en première instance appartient à la section de la Haute-Cour de justice, dont, au début de chaque guerre, les juges sont, par une commission spéciale, constitués juges en matière de prises. Les deux juges de la section jugent séparément.

L'appel vient devant la division judiciaire du Conseil Royal. Les décisions rendues ainsi en appel sont définitives (1).

B. *Procédure*

Il y a d'abord une instruction préparatoire. « Aussitôt la prise amenée dans le port par le capteur, celui-ci doit déposer sous serment au greffe du tribunal des prises tous les papiers trouvés à bord du vaisseau capturé. Le commissaire du tribunal des prises présent dans le port interroge ensuite suivant un certain formulaire le capitaine et quelques personnes de l'équipage ; le procès-verbal de ces dépositions est envoyé également au tribunal. Celui-ci, sur la demande du capteur, publie, en l'affichant à la Bourse, la saisie du navire, et invite toutes les personnes intéressées à faire connaître les motifs qui s'opposent à la condamnation de la prise. Après un délai de vingt jours on joint aux autres actes l'ordre de publication et la déclaration constatant que la publication a été dûment faite. Si toutefois une réclamation a été faite, le moment est venu d'introduire le procès en s'appuyant sur les renseignements donnés par les papiers d'équipage et les déclarations (2). »

L'instruction préparatoire étant terminée, l'affaire est soumise successivement aux juridictions de première instance et d'appel. Il importe de remarquer que les rôles des parties dans l'instance ne sont pas exactement ce qu'ils sont en

1. V. Bulmerincq, *R. D. I.* 1878, p. 187.
2. Gessner, *Droit des neutres*, p, 409 et suiv. Bulmerincq, *R. D. I.* 1878, p. 188.

France ; car la procédure commence par une requête adressée par les officiers de la Couronne, « qui ont mission exclusive de poursuivre l'affaire au profit des capteurs, au greffe de la Cour d'Amirauté, à l'effet d'obtenir l'adjudication du vaisseau ou des objets amenés comme prise (1). » Pendant que le capteur remplit cette formalité préparatoire et assigne les divers intéressés à ce que la prise soit déclarée nulle, ceux-ci, de leur côté, présentent à la Cour une requête en restitution.

C'est dans ces conditions que la cause est appelée et plaidée. C'est au réclamant à prouver le bien fondé de sa prétention, en d'autres termes, jusqu'à preuve du contraire, toute propriété est présumée ennemie.

Le capteur ainsi que le réclamant peuvent appeler de la décision de la Cour d'Amirauté au conseil privé de la Reine, en donnant bonne et suffisante garantie de l'exécution de l'appel et du paiement des frais. Le délai d'appel est de trois mois contre les décisions de la Cour d'Amirauté en Angleterre, de six ou douze mois, respectivement, contre les décisions des cours de vice-amirauté hors d'Europe (2). L'appel est notifié dans la quinzaine soit au greffe de la cour qui a rendu la sentence, soit par un notaire.

La procédure, devant la cour supérieure, suit une marche identique à celle de première instance (3).

En principe, les règles du droit international sont appliquées dans les cours de prises anglaises ; ainsi que le dit lord Stowel, « la cour est à proprement parler et véritablement une cour de droit international, et n'a pas pour mission d'appliquer les lois particulières de tel ou tel pays ».

1. Bulmerincq. *R. D. I.* 1878, p. 188.
2. Act. du 2 juin 1874.
3. V. la loi anglaises de 1864 sur les Prises (act, 27 and 28 vict., C. 25). Phillimore, *Internat. Law.*, III, 674.

Mais les juges anglais estiment, en même temps, ce qui est loin d'être certain, que le droit international trouve son expression dans les lois et acts que vote le pouvoir législatif. De plus on suppose que les décisions antérieurement rendues sont l'expression exacte du droit des gens. Il en résulte, dans les principes, une certaine confusion, et, il faut bien le dire, l'impartialité absolue n'est pas toujours observée.

C. *Des Preuves.*

Les juges des prises maritimes ne peuvent se décider que d'après les papiers trouvés à bord ; et par exemple des neutres ne sont pas recevables à produire, après la capture, des pièces établissant qu'ils sont propriétaires de marchandises saisies sur un navire ennemi. Tel est le principe.

Avant 1803 le système des preuves exigées par les cours d'Amirauté anglaises était d'une absolue inflexibilité : « La question soulevée dans nos cours, dit à cet égard M. Johnstone, était non celle de savoir si les papiers de bord étaient *bona fide*, mais s'ils étaient en règle, et le but de l'interrogatoire était de s'assurer si le capitaine et l'équipage jureraient en conformité avec les papiers de bord; et, s'il en était ainsi, le navire était relâché, quelque probable qu'il pût paraître que papiers, serments et le reste étaient faux et que la neutralité du navire était seulement colorée. Il n'était pas difficile de faire passer un trois-ponts à travers une telle procédure. Les questions invariables des cours de prises anglaises devinrent l'objet d'une étude attentive. Un livre intitulé *Vraagen en Antwoorden* (Questions et Réponses) fut publié en Hollande pour suggérer aux capitaines des vaisseaux capturés les réponses qu'ils auraient à faire aux questions de l'amirauté, afin d'échapper à la condamnation : et dans les papiers de bord d'une prise faite à Harwich, on trouva les réponses spécifiques qui convenaient au cas du navire en question marquées au crayon en marge des feuillets des *Vraagen en Antwoorden* en regard des questions des cours anglaises. »

A partir de 1803, et probablement sous l'influence de Sir W. Scott, le système de preuves des cours d'Amirauté anglaises devint quelque peu flexible.

Le *Prize Act* de 1864 consacre formellement le droit absolu d'ordonner des suppléments de preuves. En somme la cour peut s'éclairer par toutes sortes de moyens.

D'abord la Cour peut ordonner un simple *supplément de preuves* :

Dans ce cas le capteur ne pourrait pas produire de nouvelles preuves, mais le seul réclamant.

La Cour peut également ordonner que chaque partie, réclamant ou capteur, rédige un écrit ayant pour but la démonstration de la légalité ou de l'illégalité de la prise, et fasse, en plus, entendre, à l'appui des conclusions contenues dans ce mémoire, des témoins (que l'autre partie peut d'ailleurs interroger à son tour), et qui viendront corroborer les allégations écrites.

Mais ce dernier procédé n'est employé que rarement, dans des cas douteux et à titre de *subsidium ultimum*.

Remarquons que la possibilité de produire des preuves supplémentaires, telles que dépositions attestées sous serment, correspondances, extraits de livres et tous autres documents d'authenticité certifiée, n'est pas un droit pour le réclamant. La Cour *peut* admettre ce réclamant à fournir un semblable supplément de preuve, et, elle ne l'admet jamais, en principe, dès qu'il lui semble que le réclamant ne fait pas, dans ses prétentions et dans ses arguments à l'appui de celles-ci, preuve d'une absolue bonne foi.

Et d'ailleurs, abstraction faite des moyens exigés pratiquement pour faire la preuve, quelles sont les règles qui déterminent le caractère hostile ?

En général, le caractère national du navire et de la cargaison est déterminé par celui du propriétaire ; et pour déterminer le caractère hostile des propriétaires, la jurisprudence anglaise s'attache au domicile, étant admis que si l'on est *établi* dans un pays et qu'on y fasse le commerce, on y est censé domicilié.

Mais quand une personne est-elle *établie* dans un pays ? « Le temps est le grand élément constitutif du domicile, a dit Sir W. Scott ; je pense qu'on n'attache pas assez d'importance à ses effets ; dans la plupart des cas, il est inévitablement décisif. Souvent on dit que, si une personne vient uniquement dans un endroit pour une affaire particulière, ce fait n'emportera pas domicile. Il ne faut pas accepter cela sans restriction, et sans tenir compte du temps qu'une pareille affaire peut ou doit demander ; car si l'affaire est de nature à pouvoir probablement retenir ou à retenir effectivement la personne pendant un laps de temps très long, je ne puis m'empêcher de croire qu'une résidence générale peut résulter de cette affaire spéciale. Une affaire spéciale peut amener un homme dans un pays et l'y retenir toute sa vie... »

Quoi qu'il en soit, lors de la guerre d'Orient en 1854, pour déterminer le caractère neutre ou ennemi du navire et de la cargaison, on s'attacha surtout à la détermination du domicile du propriétaire ; en d'autres termes, on admit la règle suivante : Toute personne doit être considérée comme appartenant à la nation au sein de laquelle elle réside et fait le commerce (1).

C'était déjà l'opinion de Sir W. Scott : « Il n'y a point de doctrine plus fermement établie que celle que tout individu

1. Katchenowsky, p. 150.

qui va dans un pays étranger et y fait le commerce doit être considéré par le droit des gens comme un négociant de ce pays ».

Quand il y a eu translation de propriété soit pendant la guerre, soit même *imminente bello*, la jurisprudence anglaise présume la fraude, en ce sens qu'elle met à la charge du neutre capturé l'obligation de démontrer que la vente n'est pas feinte, ce qui sera le plus souvent très difficile à prouver, en supposant que ce soit exact. Il y a plus : la Cour d'Amirauté décide que si l'administration et le commandement du navire sont laissés entre les mains du vendeur, cela suffit pour invalider la translation de propriété.

De même, la Cour d'Amirauté a déclaré de bonne prise le navire ennemi acheté depuis le commencement des hostilités par un capitaine qui était ennemi au moment de la déclaration de guerre et qui ne s'est fait naturaliser neutre que depuis cette déclaration (2). En ce qui concerne les marchandises, la propriété qui était ennemie au départ ne peut, pendant la traversée et par l'effet d'une convention, devenir neutre.

Il est souvent arrivé que la jurisprudence anglaise a reconnu à une propriété un caractère hostile indépendamment de la nationalité du propriétaire.

C'est ainsi qu'elle admet que le fait de porter légitimement le pavillon ennemi (1) entraîne la condamnation de la prise, alors que le navire appartiendrait à un citoyen neutre domicilié en pays neutre, l'équipage étant d'ailleurs neutre.

1. Cour d'Amirauté, 13 oct. 1854, *le Jean-Christophe*, Pistoye et Duverdy, t. 2, p. 15. D'autres décisions analogues dans Pistoye et Duverdy, p. 16 et suiv.

2. « Certains États, comme la Colombie, admettent à arborer le pavillon national des navires qui ont des étrangers pour propriétaires exclusifs, et dont l'équipage est étranger » : De Bœck, p. 189.

La prise serait d'ailleurs également condamnée si elle appartenait à un propriétaire domicilié en pays ennemi, alors que le navire bat pavillon neutre et est muni d'un passeport neutre. Ajoutons que les réclamations des neutres qui prétendraient avoir une hypothèque ou un droit de copropriété sur la prise ne seraient pas admises.

En principe, nous l'avons dit, le caractère national de la propriété est déterminé par celui du propriétaire, tel qu'il résulte du domicile de ce dernier.

Mais le domicile neutre du propriétaire, ainsi que le dit Sir Travers Twiss (§ 155, p. 307), n'est pas toujours décisif pour affranchir sa propriété de la capture ; ce domicile ne fait qu'élever une présomption d'immunité, qui peut être renversée. En effet, l'origine de la propriété ou le commerce dans lequel elle est engagée peuvent, d'après la jurisprudence anglaise, lui imprimer un caractère hostile.

Par exemple les produits du sol ennemi sont considérés comme propriété ennemie tant qu'ils appartiennent au propriétaire du sol, quelle que soit la nationalité de ce propriétaire, et aussi quel que soit l'endroit où ce propriétaire réside.

De même si un commerçant, sujet d'une puissance neutre et résidant dans ce pays neutre, fait un commerce qui n'est permis qu'aux sujets de l'Etat belligérant ou ne peut être permis aux étrangers qu'en vertu d'une autorisation spéciale, ses biens engagés dans ce genre de commerce sont réputés ennemis et sujets à confiscation.

En résumé, si le droit appliqué dans les cours de prises anglaises est, en principe, le droit international, on admet que celui-ci trouve son expression parfaite dans des ordonnances dites *orders in council*, sortes de déclarations qui interviennent au début de chaque guerre maritime. Et si les *orders in council* contenaient des dispositions contraires aux principes généraux du droit international, ce que certains jurisconsultes anglais disent n'être pas possible et ce qui l'a été cependant, les plus illustres juges de prises déclarent que les principes généraux devraient prévaloir, quittes à abandonner cette règle dès qu'il s'agit d'en faire l'application (1).

Quant aux dépens de l'instance, ils retombent sur le neutre absous, toutes les fois que la saisie illégale du bâtiment pouvait se justifier en apparence, toutes les fois que les papiers de bord du navire indûment capturé présentaient une irrégularité quelconque, si petite qu'elle fût.

En ce qui concerne les dommages-intérêts, on peut poser en principe qu'il n'en est jamais accordé au navire illégalement saisi parce que d'une part, dit-on après Sir W. Scott, le Consulat de la mer est muet sur cette question, et que, d'autre part, en temps de guerre maritime, les neutres ne peuvent faire le commerce que sous la condition de subir toute visite et sous les risques d'une saisie,

Section II.

États-Unis.

Une instruction préparatoire est nécessaire, lors de l'arrivée de la prise au port.

D'après l'acte de 1864, le tribunal de district constitue la première instance en matière de prises.

Les appels vont directement, semble-t-il (2), à la Cour suprême. L'appel est possible si le montant de la contestation dépasse 2.000 dollars, ou s'il y a un certificat, émanant d'un

1. Comp. Gessner, *Droit des neutres*, p. 405.
2. Blumerincq, *R. D. I.* 1878, p. 471 et suiv. ; p, 630 et suiv. *Adde, R. D. I.* 1881, p. 471.

juge de district, déclarant que la solution sur la prise soulève, à raison des circonstances, une question d'intérêt général. Rappelons que les Etats-Unis n'ont pas adhéré au principe de l'abolition de la course.

On peut dire que les règles anglaises relatives aux preuves ont été, en bloc, adoptées par la législation américaine (1) : nous n'y insisterons donc pas. Notamment les Etats-Unis admettent, quant à la détermination du caractère hostile, des règles analogues aux règles anglaises.

Signalons cependant quelques particularités que, en matière de prises, présente la législation américaine. C'est ainsi que, relativement à la vente faite *imminente bello*, la jurisprudence admet la vente faite de bonne foi et ne tient pas compte de celle qui a pour but de dissimuler la nationalité ennemie (2). En pratique cette distinction soulève, on le conçoit, bien des difficultés. Enfin les Américains admettent facilement la destruction de la prise. C'est ainsi que pendant la guerre entre les Etats-Unis et l'Angleterre, en 1812-1814, le gouvernement américain donna l'ordre de détruire tous les bâtiments capturés dans le but de « ne pas détacher d'hommes pour conduire les navires au port et ne pas affaiblir la marine. » De même pendant la guerre de sécession, les sudistes détruisirent tous les navires pris parce que tous leurs ports étaient bloqués (3) ».

1. En 1794, l'ambassadeur américain à Londres, M. Jay, demanda à Sir W. Scott et à Sir J. Nicholl un exposé complet des règles anglaises. Les prescriptions de cet exposé ont passé dans la pratique des États-Unis.

2. V. Fiore, t. 3, n. 1438, et Calvo, t. 4, n. 2327.

3. Bluntschli, règle 672, critique cette manière de faire.

Section III

Hollande

Aujourd'hui, l'organisation des juridictions des prises en Hollande est purement judiciaire (Loi du 1er octobre 1838). La Haute-Cour connaît, en première instance, des questions relatives à la capture, et de même cette Haute-Cour statue en appel ; mais, en première instance, la décision est rendue par sept conseillers, tandis que onze conseillers doivent statuer sur l'appel. « Tous les conseillers de cette Haute-Cour, dit M. Bulmerincq, sont des jurisconsultes nommés par le Roi parmi cinq candidats désignés à chaque vacance par la deuxième chambre des États-généraux. La révision du jugement par la même instance ne peut pas précisément sembler recommandable ; mais ce qui est recommandable, c'est la décision des affaires de prises par les jurisconsultes (1). »

Ajoutons qu'un arrêté royal du 13 décembre 1818, article 6, déclare que les vaisseaux ennemis contraints d'entrer dans les ports ou rades de Hollande seront de bonne prise.

1. *R. D. I.* 1878, p. 231 et suiv., et 1881, p. 471.

CHAPITRE III

3e Groupe

ÉTATS DONT LES TRIBUNAUX DE PRISES ONT UNE ORGANISATION MIXTE

En Autriche, en Danemark, en Prusse, l'organisation des tribunaux de prises est *mixte* ; les éléments, judiciaire et administratif, y étant plus ou moins inégalement représentés (1).

Section I

Danemark

Les formalités au moment de la capture sont assez analogues aux règles françaises (2).

Une instruction préparatoire a d'abord lieu à l'arrivée dans un port danois du navire capturé. Un tribunal d'instruction existe dans chaque ressort de juridiction dans lequel un port est situé. Il est formé par la juridiction inférieure locale, sauf à Copenhague où il est composé des membres du tribunal de commerce.

Dès qu'il est arrivé dans un port danois avec une prise le commandant doit de suite se présenter devant le tribunal

1. Bulmerincq, *R. D. I.* 1878, t. 10, pp. 210, 240, 438, 630 et suiv.
2. Art. 15, Règlement danois du 16 fév. 1864 rendu à l'occasion de la guerre de Danemarck.

d'instruction pour l'examen et la connaissance des affaires concernant les navires ennemis ou suspects capturés. A la fin de l'interrogatoire, le tribunal d'instruction invite le patron du navire capturé à déclarer s'il désire quelque instruction complémentaire ou s'il a quelque raison à faire valoir avant que la cause soit transmise au tribunal d'amirauté ; on doit le prévenir, en même temps, que la cause sera jugée sans autre citation préalable.

A ce point de vue on peut dire que l'instruction danoise est contradictoire, contrairement aux règles généralement admises.

Une cour d'amirauté, spécialement établie pour juger les prises, statue comme tribunal de première instance. Elle comprend trois membres (1). Le procureur de guerre maritime représente le gouvernement (2).

L'affaire étant parvenue à la Cour d'Amirauté, celle-ci la transmet au procureur de guerre maritime, qui a huit jours pour l'examiner et déposer ses conclusions. Puis on arrive à l'audience. La procédure d'instruction à l'audience est presque exclusivement écrite. Elle a lieu par mémoires ; la Cour peut, d'ailleurs, avant de statuer, ordonner un supplément d'instruction, dans lequel tous moyens de preuve peuvent être invoqués.

Le délai d'appel est de trois jours. Il court du jour même de la décision de première instance à l'égard de l'agent du gouvernement ; et de la date de la notification ou d'une publication faite par la voie de la presse, à l'encontre du réclamant.

Les législations autrichienne et prussienne font une distinction semblable.

1. Un jurisconsulte président et deux membres, dont l'un doit être un officier de marine ou un homme versé dans la connaissance des affaires maritimes.

2. Bulmerincq, *R. D. I.* 1878, p. 211 et suiv.

L'appel est porté devant la Cour supérieure d'Amirauté, institution permanente, organisée par une instruction du 30 avril 1806 et par quelques ordonnances postérieures. « Cette Cour se compose des directeurs du ministère de la guerre maritime, de l'auditeur général de la flotte et d'un membre de la Cour civile suprême. La procédure se fait par écrit... (1). »

La preuve de la nationalité neutre du navire ou de la cargaison, condition de la libération de celle-ci lorsqu'elle a été trouvée à bord d'un navire ennemi, est à la charge du réclamant qui joue le rôle de défendeur.

Section II

Prusse

Le 20 juin 1864, un règlement a institué, à Berlin, un conseil des prises.

Après une instruction préparatoire et l'examen des formalités de la capture, formalités assez analogues aux formalités françaises, l'affaire est, en première instance, portée devant un conseil des prises, créé pour la durée de la guerre et composé de un président et de six assesseurs. Dans ce tribunal, l'élément administratif et l'élément judiciaire se contrebalancent à peu près exactement.

L'appel est porté à un conseil supérieur des prises, composé de sept membres, où l'élément judiciaire semble l'emporter. Le délai d'appel est de dix jours.

Le tribunal de première instance et celui d'appel ne peuvent statuer valablement que si cinq membres au moins sont présents (2).

1. Bulmerincq, *R. D. I.* 1878, p. 212 et suiv.
1. Bulmerincq, *R. D. I.* 1878, p. 240 et suiv.

Le conseil des prises et le conseil supérieur des prises se guident d'après les prescriptions des lois spéciales en matière de prises et, dans le silence de celles-ci, d'après les principes généraux du droit des gens, sans préjudice de l'observation des traités conclus avec les Etats neutres, et de l'application de la rétorsion lorsqu'il y a lieu (1).

Du reste l'action qui s'engage sur la validité a bien les caractères d'une action en revendication, où la preuve incombe au capturé ; car aux termes de l'article 7 4° du règlement prussien, les navires saisis comme suspects sont déclarés de bonne prise si les soupçons qu'on a élevés contre eux ne sont pas écartés (2).

Cependant bien que, dans la forme, le procès de prise ait l'apparence d'une revendication exercée par le capturé, les juridictions de prises ont toute liberté pour prendre en considération tous les faits et toutes les preuves qui leur sont soumis ; c'est donc d'après leur conviction intime que ces juridictions ont à statuer.

D'après le § 10, le procureur du gouvernement près le conseil des prises peut procéder à toutes informations supplémentaires. Il peut également proposer l'invalidation de la prise, et le conseil peut, sur ce point, statuer d'office en ce sens.

Si le procureur poursuit la validité, ou si le conseil refuse de prononcer *de plano* l'invalidité, ce procureur invite les intéressés qui n'ont pas encore élevé de réclamations à faire valoir leurs droits par écrit et dans la quinzaine. Ce délai expiré, le conseil statue immédiatement si aucune réclamation n'a été formulée, à aucune époque antérieure (§ 11).

1. Art. 29, Règlement des Prises, du 20 juin 1864.
2. *Addc.* Perels, p. 345.

Supposons donc que des réclamations aient été élevées dans les formes légales (c'est-à-dire par un écrit signé d'un avoué, avec documents à l'appui et indication des moyens de preuve).

Dans ce cas le conseil statue après un débat oral dont il fixe le jour.

Le réclamant est assigné pour ce jour ; il peut prendre communication des pièces de la procédure antérieure.

Au jour de l'audience, un membre du conseil fait un exposé oral. Les parties et le procureur du gouvernement sont entendus ensuite. Le conseil peut statuer alors ou renvoyer l'affaire à une date ultérieure pour supplément d'instruction.

Appendice

Allemagne

Une loi du 3 mai 1884 a institué des tribunaux spéciaux, dits « Prisengerichte », auxquels la décision en matière de validité des prises opérées sera désormais confiée.

Mais où siègeront ces tribunaux ? Comment seront-ils composés ? Quelle procédure sera suivie devant eux ? Autant de questions qui doivent être résolues par des ordonnances ultérieures

Section III

Autriche

Le règlement autrichien du 21 mars 1864 concerne l'établissement de tribunaux de prises et la procédure suivie devant ces tribunaux.

Une commission d'instruction des prises, siégeant provisoirement à Pola, était instituée. Un tribunal de première instance devait siéger à Trieste et un tribunal de seconde instance à Vienne.

Commission d'instruction des Prises. — Cette commission comprend l'amiral du port, président, et quatre membres (un auditeur de marine, rapporteur ; — un fonctionnaire appartenant à la justice civile ; — deux assesseurs assermentés pris parmi les commerçants ou bourgeois).

L'instruction terminée, ainsi que l'examen des formalités qui ont accompagné la capture, la commission transmet les pièces au tribunal de prises de première instance, siégeant à Trieste.

Il importe de remarquer ici que l'instruction est contradictoire, contrairement à ce qui se passe en général dans les divers Etats. Car dans la commission d'instruction des prises figure un auditeur de marine qui, sous le contrôle de la commission, remplit véritablement les fonctions de juge d'instruction. Ce juge est tenu de veiller aux intérêts des parties. D'autre part le § 7, du règlement du 21 mars 1864 dispose que la commission d'instruction doit établir des curateurs pour représenter ceux des intéressés au sort du navire et de la cargaison qui, en l'absence du patron du navire, se trouveraient dans l'impossibilité de faire valoir leurs droits, soit par eux-mêmes, soit par des représentants. Les procès-verbaux d'interrogatoires, manifestes, expertises et attestations doivent aussi être lus aux personnes sus-indiquées, en présence de deux témoins, qui affirment par leur signature que tout s'est régulièrement passé.

Quant au *tribunal* des prises de *première instance*, il comprend : 1) Le président du tribunal supérieur territorial, président ; 2) six membres (trois conseillers de ce tribunal supérieur, l'amiral du port, un conseiller du bureau central de la marine, un référendaire de justice attaché au commandement de la marine).

Les parties intéressées peuvent prendre communication des pièces et présenter toutes observations qu'elles jugent utiles à la conservation de leurs droits. Le tribunal des prises peut, s'il le juge bon, demander au tribunal d'instruction une information supplémentaire.

Appel. Le tribunal de prises de deuxième et dernière instance, siégeant à Vienne, connaît en appel de la décision du tribunal de Trieste.

Il comprend :

1) Le président ou un président de chambre de la cour suprême de justice, président ;

2) Six membres (trois conseillers de la cour suprême, un contre-amiral, un conseiller de la cour supérieure militaire et un conseiller de la section de commerce du ministère de la marine (1).

Le délai d'appel est d'un mois.

La juridiction des prises prend pour base de son jugement les principes contenus dans l'ordonnance du 3 mars 1864 et, au surplus, les règles admises par le droit international.

1. Bulmerincq, *R. D. I.* 1878, p. 258 et suiv.

TROISIÈME PARTIE

DROIT DE L'AVENIR.

CHAPITRE I.

GÉNÉRALITÉS.

Nous avons, jusqu'ici, étudié quelles sont l'organisation, la compétence et la procédure des tribunaux de prises, tant en France que dans les principales nations étrangères. Après avoir ainsi examiné ce qui existe, à l'heure actuelle, relativement à la matière objet de ce travail, étudions qu'elles ont été les propositions tendant à établir une législation commune, par suite uniforme, pour remplacer toutes les prescriptions, souvent dissemblables, qu'ont formulé chacune, pour le territoire soumis à son autorité, des diverses puissances maritimes.

Nous le savons, le principe de l'inviolabilité de la propriété privée ennemie sur mer, en admettant qu'il soit admis un jour par toutes les nations, n'empêchera pas dans l'avenir l'existence de juridictions de prises ; il ne fera qu'en restreindre la compétence. Nous ne nous occuperons pas ici de l'avenir de la règle de l'inviolabilité ; nous nous occuperons seulement de la possibilité de réformer les tribunaux de prises et aussi leur procédure.

« Les tribunaux de prises des Etats belligérants, a dit Sir Travers Twiss (1), sont, il faut l'avouer, au point de vue de leurs relations avec les neutres, des anomalies dans la jurisprudence de nos jours ; car ce sont, de fait, des tribunaux d'inquisition où l'Etat belligérant impose au commerçant neutre l'obligation de fournir des preuves suffisantes pour établir son droit d'exemption de saisie : leur procédure n'est vraiment pas sans analogie avec la procédure de droit ordinaire que suivaient les tribunaux de juridiction criminelle à l'époque de la première organisation de l'amirauté, en matière de prises. Dans le principe, l'amiral d'une flotte de croiseurs belligérants décidait sommairement, sur l'inspection des papiers de bord et l'interrogatoire des personnes trouvées sur le navire saisi, si le bâtiment avec son chargement devait être confisqué comme prise, ou si l'on devait lui laisser continuer son voyage. Le tribunal de prises de nos jours diffère peu du pont du navire-amiral ».

Des navires, supposons-le sont saisis comme appartenant à des ennemis ; d'autre part, des navires sont saisis, malgré la neutralité qu'ils invoquent dans certains cas particuliers dont il faut apprécier l'existence ; il semble évident, dans ces conditions, que les questions qui sont ainsi soulevées devant les tribunaux de prises sont essentiellement des questions de droit international : or, elles sont actuellement tranchées, nous venons de le voir, par des tribunaux institués dans chaque pays.

1. Discours prononcé à Anvers sur la théorie de la continuité du voyage, en 1877 ; *R. D. I.*, t. 11, p. 158.

La nature des difficultés qui se présentent devant les juridictions de prises n'amène-t-elle pas, dit-on, à désirer la création de tribunaux *internationaux* pour statuer sur la validité de la capture? « Les tribunaux d'un Etat, dit Wheaton (1), acquièrent la juridiction sur la personne ou la propriété d'un étranger par son consentement *exprès*, s'il intente volontairement une poursuite, ou *implicite*, par le fait qu'il transporte sa personne ou sa propriété sur le territoire de cet Etat. Mais quand les cours de prises exercent leur juridiction sur des vaisseaux capturés en mer, la propriété des étrangers est amenée *de force* dans le territoire de l'Etat qui a constitué ces tribunaux. L'égalité des nations semblerait, en principe, défendre l'exercice d'une juridiction ainsi acquise par force et par violence, et administrée par des tribunaux qui ne peuvent être impartiaux entre les parties en cause, parce qu'ils sont créés par le souverain de l'une pour juger l'autre ; telle est cependant la constitution actuelle des tribunaux investis par le droit positif international de la juridiction exclusive des prises capturées en guerre ».

La nécessité de tribunaux internationaux en matière de prises a été proclamée dans plusieurs conférences, et cette idée a pris corps par suite du vote d'une réglementation complète de la question, réglementation que nous allons bientôt exposer.

Contre la possibilité de la création de semblables juridiction internationales, on objecte, et peut-être avec raison, que les États belligérants qui sont, dans leurs propres affaires, juges et parties, doivent statuer, chacun de leur côté, sur les prises qu'ils ont pu faire, comme ils statuent sur toutes les autres questions.

« S'il y avait au-dessus des différentes nations, disent en ce

1. Wheaton, *Éléments de Droit International*, t. II, p. 49.

sens MM. Pistoye et Duverdy, une autorité supérieure qui pût juger et résoudre les différents internationaux, comme chaque prince résout, dans l'enclave de sa souveraineté, les différents qui s'élèvent entre ses sujets, il n'y aurait pas de guerre possible. Il faudrait pour cela que toutes les puissances consentissent à se soumettre à une manière de conseil amphictyonique... Sully nous apprend dans ses *Economies royales*, qu'Henri IV aurait pensé à constituer en Europe un tribunal de cette nature. C'était là un rêve, mais ce n'était qu'un rêve. Les sujets de chaque État se soumettent aux jugements rendus par leur prince, parce que ce prince dispose dans ses États de la force publique, et qu'il fait exécuter, par l'emploi de cette force, les jugements que l'on n'exécute pas volontairement. Si jamais on parvenait à établir un tribunal suprême international, les décisions de ce tribunal seraient toujours méconnues, parce qu'il n'aurait pas la force à sa disposition, et que ses justiciables seraient plus puissants que lui. Mais un tribunal de cette nature ne pourrait jamais être établi, parce qu'aucun prince ne voudrait consentir à abdiquer une partie de sa souveraineté et de sa liberté d'action » (1).

Ces considérations, d'après nous, ont une grande force. « N'y a-t-il donc pas, répond, il est vrai, M. Bulmerincq (2), un droit de la guerre obligatoire pour tous les États belligérants, qui repose sur des règles du droit des gens ? ou bien chaque belligérant se fabrique-t-il, selon sa volonté, son propre droit de la guerre ? Il faut malheureusement avouer qu'un tel droit de la guerre généralement obligatoire n'existe pas encore, et que, si à la suite de déclarations comme celles de Paris, de conventions, comme celle de St-Pétersbourg, relativement aux balles explosibles, et celle de Genève, quelques dispositions isolées sont assez généralement établies et ad-

1. Pistoye et Duverdy, t. I, p. 3.
2. *R. D. I.* 1879, p. 160.

mises, toutes ces dispositions et tant d'autres ne sont établies que sur l'habitude, et que les États qui les ont admises ne les observent pas toujours dans leurs guerres... Mais certes ce n'est pas là un motif pour retarder ou remettre le règlement d'un « nouveau point spécial du droit de la guerre, comme par exemple du droit des prises. Et si l'on ne peut pas obtenir le tout, qu'on tâche du moins d'en acquérir le plus possible ».

« De ce que le tribunal de prises, dit encore M. Bulmerincq, décide des questions internationales, il ne devient pas international lui-même ; ce fait démontre seulement qu'il y a une contradiction latente entre le tribunal et l'affaire internationale qu'il doit juger. L'assurance réitérée, que le tribunal de prises national est international, ne peut pas lui donner cette dernière qualité ? Une telle assertion n'est qu'une contradiction entre le fait réel et le nom qu'on lui donne. Une telle disposition ferait croire qu'on en est déjà arrivé à un tribunal de prises international, tandis qu'on doit encore chercher à l'obtenir » (1).

Conformément aux idées qui précèdent, un grand nombre de jurisconsultes, partisans de l'existence de juridictions internationales en matière de prises, ont recherché comment, pratiquement, des tribunaux internationaux pourraient être organisés, et quelles pourraient être également les règles de procédure qui devraient, devant eux, être suivies. En sorte que, d'une part, le droit des prises deviendrait alors uniforme, se composeraient d'un ensemble de règles communes, admises par toutes les nations ; d'autre part, si les règles relatives au droit de prise devenaient ainsi uniformes, il n'y aurait plus qu'à établir des règles communes en ce qui concerne la procédure, la marche de l'instance, et l'ensemble des preuves qui pourraient être fournies...

1. *R. D. I.* 1879, p. 341.

Ces derniers points rentrent surtout dans notre sujet.

Nous étudierons, par suite, quelles sont les solutions qu'a proposées à cet égard l'Institut de droit international.

Mais il est essentiel de remarquer qu'organiser une juridiction internationale, c'est nier la compétence de l'Etat capteur ; or, beaucoup d'auteurs (1) maintiennent cette compétence, n'admettant pas, par suite, les réformes que l'Institut de droit international a proposées sur ce point.

D'autre part, la situation défavorable, que fait aux neutres la législation actuellement admise dans la pratique en matière de prises, devait attirer l'attention des jurisconsultes. Que les tribunaux nationaux des belligérants soient appelés à se prononcer, à l'exclusion de tous autres, sur les captures de navires ennemis, on le conçoit; mais que ces juridictions statuent à peu près souverainement sur des prises relativement auxquelles des neutres peuvent élever des réclamations, il semble, dit-on, qu'il y a là un abus, ou tout au moins une absence trop complète de garanties. C'est cette dernière situation qui a surtout motivé les critiques des auteurs.

Quoi qu'il en soit, en 1883, dans le rapport statutaire présenté à la session de Munich (2), le secrétaire général, M. Rivier disait : « les prises maritimes ont occupé l'Institut dès sa fondation à Genève, MM. Bluntschli, de Laveleye et Mancini, proposèrent la mise à l'étude du traitement de la propriété privée dans la guerre maritime. » A la session de La Haye, sur la proposition de M. Westlake, il fut décidé qu'une nouvelle commission étudierait l'organisation d'un conseil ou tribunal international des prises maritimes. Lors de la session de Zurich, on chargea M. Bulmerincq de présenter un projet d'ensemble. A Munich, l'Institut vota 22 articles rela-

1. V. *R. D. I.* 1879, p. 162 et suiv.
2. *Annuaire*, t. VII, 1883-1885, p. 23-24.

tifs à l'organisation et à la procédure initiale et adopta le principe suivant : « *Il y aura des tribunaux de prises internationaux.* »

Deux catégories de projets de réformes se sont alors trouvées en présence. Parmi les innovateurs, les uns ont proposé des commissions mixtes qui, dans le cas où les jugements des tribunaux de prises donneraient lieu à des réclamations fondées, sont instituées pour examiner ces réclamations et statuer quant à elles. Les autres, presque exclusivement d'ailleurs dans l'intérêt des neutres, ont préconisé une réforme presque complète de l'organisation antérieure.

1) *Commissions mixtes* (1). — Plusieurs auteurs (2), préconisent la création de commissions mixtes (qui d'ailleurs ont été déjà quelquefois constituées, lors de l'affaire de l'*Alabama* par exemple) ces commissions se réuniraient, soit pendant, soit après la guerre, pour statuer en *appel*, sur les réclamations des *neutres*. Ce système maintient presque intégralement le principe de la compétence du capteur. « Les tribunaux extraordinaires d'appel, tels que les mentionne Wheaton et les propose Gessner ne s'établissent, comme le montre l'expérience, qu'après de longues négociations entre les gouvernements intéressés. Lorsqu'ils sont enfin institués, ils fonctionnent très lentement, tiennent généralement moins compte de la question de droit que de celle d'utilité, et prononcent, sans rechercher des motifs de droit, le paiement d'une somme moyenne pour terminer l'affaire » (3).

2) *Tribunaux internationaux.* — M. Bulmerincq formule ainsi ce système : « Nous sommes partisans du traitement des affaires de prises par la voie judiciaire ordinaire, et nous

1. *R. D. I.* 1879, p. 174.
2. Wheaton, *Éléments de Droit international*, t. II, p. 55. — Gessner, p. 392.
3. *R. D. I.* 1879, p. 175.

demandons, pour les tribunaux destinés à cet effet, les garanties d'une organisation internationale, d'une procédure judiciaire et d'une décision de même nature. »

La proposition fondamentale qui précède a été sinon formulée, du moins préparée par les écrits en ce sens, des Danois Huebner et Tetens, de l'Allemand Nau ; de Martens, de M. Westlake, de M. Bluntschli (1).

Une fois admise, en principe, l'existence de tribunaux internationaux, comment les partisans de ce système vont-ils organiser ces juridictions ?

Quels sont les juges qui devront y figurer ?

Dans son projet primitif, M. Westlake (2) concluait « qu'une série de traités, conclus chacun entre deux puissances, stipulerait, au besoin avec l'assentiment des législatures respectives, que, lorsque l'un des contractants serait engagé dans une guerre, l'autre étant neutre, les affaires de prises *concernant ce neutre* seraient décidées en *dernier ressort* par un tribunal siégeant dans la capitale de l'Etat belligérant, et composé de trois juges, dont un nommé par chacun des contractants, et le troisième par une puissance à désigner entre plusieurs avec son ou leur consentement selon le traité. »

Sur ces données, de nombreux remaniements furent proposés ; et, après d'intéressantes discussions, l'Institut de droit international prit, dans sa session de Zurich (septembre 1877), les résolutions suivantes :

« L'Institut déclare que le système actuel des tribunaux et celui de l'administration de la justice en matière de prises sont défectueux et considère comme urgent de porter remède à cet état de choses par une nouvelle institution internatio-

1. V. *R. D. I.* 1879, p. 176 et suiv.
2. *Annuaire de 1878*, p. 113-130.

nale. Il est d'avis qu'il y a lieu : 1° de formuler par traité les principes généraux en matière de prises ; — 2° de remplacer les tribunaux jusqu'ici exclusivement composés de juges appartenant à l'Etat belligérant par des tribunaux internationaux qui donnent aux particuliers intéressés de l'Etat neutre ou *ennemi*, de plus amples garanties d'un jugement impartial ; — 3° de s'entendre sur une procédure commune à adopter en matière de prises.

« Toutefois, l'Institut croit devoir déclarer que dès à présent il considérerait comme un progrès l'institution de tribunaux mixtes soit de première instance, soit d'appel, sur les bases du projet élaboré par M. Westlake. »

CHAPITRE II

SYSTÈME DE M. BULMERINCQ

Section I

Organisation

C'est sur les données qui précèdent que M. Bulmerincq a rédigé son remarquable rapport inséré dans la *Revue du droit International.* « En principe, dit-il, (R. D. I. 1879, p. 190), nous admettons la compétence des belligérants dans les questions de prises, mais cette compétence ne va plus être exclusive... ». Nous admettons « que des juges neutres *concourent* dans les tribunaux de première et seconde instance à la décision des affaires de prises. — C'est donc un tribunal de prises formé de juges de différents États et par conséquent international. » Quant à la composition de la juridiction, d'après le rapport, chacun des deux belligérants désignerait un juge ; le troisième juge serait désigné par un État neutre. On obtiendrait de cette manière un tribunal des prises commun aux belligérants et fonctionnant pendant toute la durée de la guerre.

Un autre tribunal, composé d'une façon analogue, statuerait en appel. — Le troisième juge serait nommé par tous les États maritimes neutres réunis. Le tribunal siégerait dans un Etat neutre (1).

Le tribunal de prises que proposait M. Bulmerincq ne devait pas seulement décider, comme dans le projet Westlake, sur des affaires de prises des sujets des *neutres* ; mais il devait avoir à statuer aussi sur celles des sujets des *belligérants*. « De cette manière on établit un tribunal des prises unique et général pour les différents États qui font la guerre dans le moment et pour les navires ou marchandises des neutres subissant la saisie pendant cette guerre. C'est le meilleur moyen de maintenir l'unité de juridiction qui, par la répartition des causes entre différents tribunaux, deviendrait presque impossible. On aura ainsi l'uniformité dans la procédure, dans la jurisprudence et dans les jugements. Des jugements internationaux ne peuvent être rendus que par des tribunaux internationaux (2). »

D'ailleurs ces tribunaux, composés de trois membres, seraient des tribunaux judiciaires ; les magistrats ne feraient pas partie de l'ordre administratif, ils ne seraient pas des mandataires de l'État qu'ils représentent ; ils seraient des juges véritables.

Section II

Procédure

L'examen approfondi que nous avons fait de la procédure des prises, en France, et l'exposé très rapide que nous avons

1. M. Bulmerincq propose la Belgique.
2. *R. D. I.* 1879, p. 196.

présenté de la procédure telle qu'elle existe dans les principales puissances maritimes étrangères nous permettent de formuler d'assez nombreuses critiques.

Le reproche le plus important qui puisse être adressé aujourd'hui aux règles admises est, sans contredit, la situation assez dure faite au capturé ; on lui prend son bien et on le considère, au surplus, comme tenu à prouver qu'il n'est pas coupable, en se trouvant en pleine mer, étant données les circonstances dans lesquelles il a été saisi.

Nous avons critiqué, plus haut, la règle actuelle en vertu de laquelle le capturé doit jouer dans l'instance le rôle de demandeur, et démontrer par suite son « innocence ».

En second lieu, on peut trouver que, dans l'instance, les parties ne sont pas représentées comme elles devraient l'être. Le capitaine du navire capturé représente indifféremment tous ceux qui ont intérêt à faire prononcer la nullité de la saisie ; et d'autre part l'État capteur est représenté, en général, par un fonctionnaire. Or, remarque M. Bulmerincq, « il y a contestation entre deux personnes relativement à leur droit de propriété sur une seule et même chose. Ces personnes sont : l'État qui a fait opérer la capture et les personnnes qui étaient propriétaires de la chose capturée. Il en résulte que tous deux le capteur et les capturés sont essentiellement intéressés à la décision ou à l'issue de leur contestation juridique, que, par conséquent, ils font le procès dans leur propre intérêt, mais qu'ils ne peuvent pas diriger la procédure à introduire et à poursuivre comme l'a fait jusqu'à présent l'État capteur, qui est lui-même un intéressé, c'est-à-dire l'une des parties.

« Il en résulte aussi que l'initiative de l'État capteur par un de ses fonctionnaires, qui est inscrite dans les lois des prises de plusieurs États, est complètement inadmissible (1). »

1. *R. D. I.* 1881, p. 499.

D'après M. Bulmerincq, le remède à apporter aux vices qui viennent d'être indiqués consisterait à faire prendre l'initiative par les tribunaux internationaux eux-mêmes, qui assignerait l'État capteur comme ses adversaires, les capturés, à faire valoir son droit.

« Selon la réforme que nous proposons, dit M. Bulmerincq (1), les procès de prises vont directement, *ipso jure*, de l'instance d'instruction des prises nationale de l'État capteur au tribunal des prises international de première instance, lequel, après avoir examiné l'affaire, assigne les parties intéressés : l'État capteur et les capturés. C'est le tribunal international qui prend l'initiative ». D'ailleurs, une fois saisi, le tribunal international depremière instance, s'il estime que l'instruction préparatoire (faite par le tribunal national) a été insuffisante, peut renvoyer devant le tribunal national pour supplément d'instruction, en fixant le délai dans lequel celle-ci devra être terminée.

Quant à la façon dont les deux parties, l'État capteur et le capturé, ayant désormais des intérêts égaux et un droit égal au jugement, sont représentées devant le tribunal international, on demande que, ce tribunal étant organisé judiciairement, la représentation soit purement judiciaire. « L'État capteur ne sera plus alors représenté, comme cela avait lieu ordinairement, par un fonctionnaire administratif, et par un fonctionnaire de l'État qui occupe une position privilégiée vis-à-vis du représentant des capturés : il sera représenté, comme les capturés, par un avoué, ce qui ne causera aucun tort à l'État capteur qui obtiendra ainsi un représentant plus capable. Les capturés cesseront également d'être réprésentés par le capitaine du navire saisi, qui ignore les lois. » (2) Le tribunal international vérifierait d'ailleurs, lui-même, les pouvoirs des représentants.

1. *R. D. I.* 1881, p. 499.
2. *R. D. I.* 1881, p. 505.

En ce qui concerne la manière dont les parties *exposeraient* leurs droits devant le tribunal international, M. Bulmerincq propose d'avoir recours à des mémoires.

Quant aux débats en eux-mêmes, qui devraient avoir lieu devant un tribunal siégeant, nous l'avons dit, en pays neutre, rien ne s'opposerait à la publicité des débats qui suivraient la communication réciproque des mémoires rédigés par les parties.

Une fois le jugement prononcé, celui-ci serait exécutoire si le représentant d'aucune partie n'a, dans un certain délai, interjeté d'appel contre la décision du tribunal des prises international de première instance. L'exécution se ferait par les soins du tribunal national d'instruction de l'Etat capteur.

Supposons qu'il y ait appel.

Dans l'instance d'appel, comme devant le tribunal internatiotal statuant en premier ressort, la situation du capteur et celle du capturé se retrouvent égales ; des avocats ou avoués représentent les parties.

Le tribunal de première instance ayant notifié son jugement aux deux parties qui sont représentées toutes deux au siège du tribunal, et le tribunal d'appel siègeant dans la même ville que le tribunal de première instance, il semble qu'un délai de 20 jours serait suffisant pour appeler. Le délai d'appel partirait du jour (non compris) du prononcé du jugement. Cet appel a un effet suspensif, en principe ; et le jugement contre lequel on se pourvoit en temps voulu ne peut être exécuté que moyennant caution.

CHAPITRE III

SYSTÈME MIXTE ADOPTÉ PAR L'INSTITUT DE DROIT INTERNATIONAL.

En 1887 eut lieu la session de Heidelberg, où a été définitivement voté le projet d'organisation des tribunaux de prises.

Une commission, antérieurement réunie à Wiesbaden, avait profondément remanié le projet primitif dû à M. Bulmerincq et que nous venons d'exposer. Le nouveau projet était plutôt conforme à l'idée primitive de la proposition Westlake... Sur la proposition de M. Albéric Rolin, la majorité de la commission de Wiesbaden adoptait les règles suivantes : « L'organition des tribunaux de prises de première instance demeure réglée par la législation de chaque Etat ; il sera formé au début de chaque guerre, par chacune des parties belligérantes, un tribunal d'appel international en matière de prises maritimes, lequel sera composé d'un Président et d'un membre choisis par cette partie et de trois membres désignés par les Etats neutres. »

Certes, cette réforme était incomplète, elle était en partie nationale et en partie internationale ; la première instance restait, comme auparavant, nationale. — Mais ce projet avait, du moins, le mérite de ménager la transition.

En 1887, à la session de Heidelberg, après avoir discuté à nouveau le principe de la nécessité de la création de tribunaux internationaux et avoir, à nouveau, adopté ce principe, l'assemblée se prononça pour l'adoption du système élaboré par la commission de Wiesbaden, système auquel d'ailleurs s'était rallié M. Bulmerincq. Au lieu d'un tribunal international unique, il y en avait un par belligérant, et les tribunaux nationaux conservaient compétence en première instance.

Analysons maintenant le texte définitif adopté le 8 sept. 1887 à Heidelberg (1).

A. Les principes contenus dans la déclaration de Paris sont d'abord rappelés ; de plus, la propriété privée ennemie est déclarée inviolable. Les règles sur les prises, telles qu'elles sont résumées dans notre exposé général, sont, en principe, adoptées.

B. Les § 10 et suivants réglementent 1) l'arrêt du navire de commerce par le croiseur belligérant ; 2) les formes de la visite 3) la recherche au cas de soupçon ; 4) enfin la saisie. Les papiers de bord doivent être en règle, et établir la nationalité du navire, de la cargaison, de l'équipage : la question de savoir si les conditions de nationalité sont remplies est décidée selon la législation de l'Etat auquel le navire est ressortissant. De plus l'acte juridique constatant la vente d'un navire ennemi faite durant la guerre doit être parfait, et le navire doit être enregistré conformément à la législation du pays dont il acquiert la nationalité avant qu'il quitte le port de sortie... La nouvelle nationalité ne peut être acquise au navire par une vente faite en cours de voyage.

Les articles 30 et suivants sont relatifs au transport de la contrebande de guerre et à la violation de blocus. Ces cas de saisie sont examinés et un ensemble de prescriptions, du reste très rationnelles, leur est consacrée.

C. Après avoir explicité les formalités qui suivent la saisie

1. Les 84 premiers articles ont été votés à Turin et à Munich (*Annuaire*, t. VI, p. 1-62 ; et t. VIII, p. 63-84).

dans les § 45 et suivants, et les règles de la conduite du navire saisi, le règlement aborde l'organisation et la procédure du tribunal d'instruction des prises dans le port d'arrivée. Ce tribunal d'instruction doit se composer de magistrats de l'ordre judiciaire ; des délégués de l'Etat capteur et des capturés assistent aux opérations du tribunal. Le capturé est représenté par le consul de son État dans le port d'arrivée ou à défaut par le consul d'un État ami et neutre. L'instruction est contradictoire.

D. *Organisation et Procédure des juridictions des prises.* — Les articles 85 et suivants contiennent les règles les plus importantes de la matière. Ils servent de conclusion à notre étude. — L'organisation des tribunaux de prises de première instance demeure également réglée par la législation de chaque État. L'affaire va directement du tribunal d'instruction des prises de l'État capteur au tribunal des prises maritimes national de première instance lequel, après avoir examiné l'affaire, assigne les parties intéressées : État capteur et capturés. Chaque partie est représentée par des mandataires, qui remettent des mémoires, avec pièces à l'appui.

Puis viennent les plaidoiries touchant les preuves administrés. Intervient alors le jugement publié en présence des mandataires des parties dûment cités à cet effet.

L'exécution du jugement est confié au tribunal d'instruction. Ce jugement est définitivement exécutoire, lorsque le mandataire d'aucune des parties n'a interjeté appel contre la décision du tribunal des prises dans le délai voulu. — Le jugement dont appel ne peut être exécuté que moyennant caution.

Les articles 100 à 110 sont les plus importants du projet. Ils organisent le tribunal international des prises maritimes et règlemente la procédure qui devra être suivie devant lui. Au début de chaque guerre, chacune des parties belligérantes constitue *un tribunal international d'appel* en matière de prises maritimes. — Chacun de ces tribunaux est composé de cinq membres désignés ainsi : l'État belligérant nomme lui-même le président et un des membres ; il désigne, en outre, trois États neutres qui choisissent chacun un des trois autres membres.

Tout procès de prises peut être déféré, sur demande des parties produite dans un délai de 20 jours, au tribunal international d'appel. L'introduction et la justification de l'appel se font en même temps, et les délais courent à partir du jour du prononcé du jugement par le tribunal, ce jour non compris.

L'appel s'adresse au tribunal national des prises maritimes ; ce tribunal notifie l'appel à la partie adverse, lui communique le mémoire d'appel et l'invite à présenter une réplique dans un délai de quinze jours. A l'expiration de ce délai, ledit tribunal envoie les actes et le mémoire d'appel avec la réplique au tribunal international d'appel.

La procédure devant le tribunal international d'appel est, en général, celle du tribunal des prises maritimes.

Le jugement ou arrêt de l'instance d'appel intervient alors, insusceptible de tout recours ; il est motivé et rendu en se basant sur un rapport écrit du président du tribunal, et en tenant compte des preuves et faits nouveaux que l'on aurait produits dans la procédure d'appel. Ajoutons que la décision sur l'appel est prononcée en présence des mandataires des parties, publiée dans un ou plusieurs journaux. — Enfin, le tribunal *national* des prises est requis de mettre à exécution cette sentence d'appel.

CONCLUSION

On le voit, le système de M. Bulmerincq a été modifié de façon à permettre aux diverses nations de l'admettre plus facilement, par cela même que les juridictions des prises ne sont internationales qu'en appel.

Les nations accepteront-elles de se lier entre elles, par des traités, sur les bases de ce projet ? Il est permis d'en douter ; et peut-être vaudrait-il mieux s'attacher à rendre plus parfait le fonctionnement des juridictions nationales. Quoi qu'il en soit il faut souhaiter que les règles observées aujourd'hui par les divers États, en ce qui concerne les prises, soient modifiées dans un sens plus rationnel et plus équitable.

« La convention de Genève, l'abolition des projectiles explosibles, l'assurance de la propriété ennemie sous pavillon neutre, tout cela a servi à rendre la guerre plus humaine par une forme de droit impératif ou prohibitif. Les tribunaux de prises n'ont pas participé à la réforme du droit de la guerre. Il est plus que temps qu'ils en profitent » (1).

1. Bulmerincq, *R. D. I.* 1879, p. 189.

Vu :
Le Président de la Thèse,
RENAULT.

Vu :
Le Doyen de la Faculté,
COLMET DE SANTERRE.

Vu et permis d'imprimer :
Le Vice-Recteur de l'Académie de Paris,
GRÉARD.

TABLE DES MATIÈRES

Deuxième partie. — Législation comparée.

Troisième partie. — Droit de l'avenir.

Laval. — Imprimerie et Stéréotypie E. JAMIN, 8, rue Ricordaine.

www.ingramcontent.com/pod-product-compliance
Ingram Content Group UK Ltd.
Pitfield, Milton Keynes, MK11 3LW, UK
UKHW012037240726
13965UKWH00003B/854

9 782013 074247